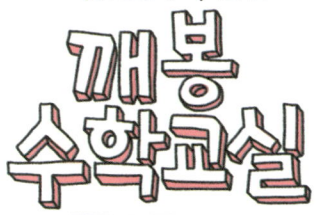

그림으로 수학 잡는

❶ 수의 DNA & 분수

조봉한 지음 • 신현호 구성

동아시아
science

추천의 말

권오남(서울대학교 수학교육과 교수)

우리나라 초등학교 4학년의 수학 성취도는 세계 최상위권입니다. 그러나 수학에 대한 자신감이나 유용성은 꼴지 수준으로 알려져 있지요. 입시 위주로 문제 풀이를 반복하기 때문입니다. 실제로 누구나 이 책에서 다루고 있는 약수, 배수, 소수, 분수를 배우지만, 학습하는 목적과 핵심 아이디어까지 이해하고 있는 사람은 드뭅니다.

이 책은 기계적이고 전통적인 수학 학습에 대해 대안을 제시합니다. 비유와 쉬운 용어의 선택, 풍부한 시각화 자료를 통해 수학의 핵심 개념을 다루고 있을 뿐만 아니라, 책 전체를 두 등장인물 간의 대화로 풀어서 읽는 이가 그 속에 자연스럽게 참여할 수 있도록 유도합니다. 이러한 방식은 '주어진 정사각형 넓이의 2배가 되는 넓이를 갖는 정사각형을 찾는 문제'를 안내하던 소크라테스와 그 주변인들의 대화를 연상시킵니다. 직접 지식을 가르치거나 설명하기보다 질문과 대화를 통해 학습자가 원리를 발견하는 방법이지요.
초등학생과 중학생 외에도 수학의 원리를 이해하고 싶은 모든 분에게 이 책이 길을 밝혀 줄 것입니다.

1장 DNA

첫째 날	직사각형으로 만들어지는 수 ·········· 014
둘째 날	배수와 약수 ································· 021
셋째 날	탄생의 비밀을 담은 복제코드 ········· 027
넷째 날	프라임수, DNA 구성 요원 ··············· 033
다섯째 날	DNA 빨리 찾기 ···························· 037
여섯째 날	4와 8의 배수 관찰하기 ················· 043
일곱째 날	9와 3의 배수 관찰하기 ················· 051

여덟째 날	**100까지의 소수(프라임수)** ········· 057
아홉째 날	**약수의 개수** ········ 065
열째 날	**100만은 15로 나뉘떨어질까?** ········ 075
열한째 날	**케이크 자르기 Ⅰ, 최소공배수** ········ 079
열두째 날	**케이크 자르기 Ⅱ, 최대공약수** ········ 085
열셋째 날	**최대공약수, 최소공배수 그리고 DNA** ········ 091

2장 분수

첫째 날	분수가 이렇게 쉬울 수가?!	102
둘째 날	$\frac{1}{3}$, 3개 있으면 1이 되는 수	105
셋째 날	$\frac{2}{3}$는 $\frac{1}{3}$이 두 개	109
넷째 날	분수의 두 얼굴	113
다섯째 날	진짜 필요해, 가분수	119
여섯째 날	나누기 상식	123
일곱째 날	분수의 크기 비교	129

여덟째 날	의미로 대답하기 ········· 135
아홉째 날	단위를 맞춰라 ·········· 139
열째 날	곱하기가 더하기보다 쉽네? ········· 143
열한째 날	곱하면 1이 되는 수, 역수 ········· 147
열두째 날	1 만들기와 관계 뒤집기 ········· 153
열셋째 날	역수를 곱해라 ·········· 159
열넷째 날	★을 무엇으로 나누면 ▲? ········· 163
열다섯째 날	분수와 설탕물, 그리고 분수 비교 ······ 169

깨봉 아저씨

조금 이상해 보이지만 수학을 사랑하는 마음만큼은 진심인 것 같다. 천재 수학자이자 인공지능 공학자로, '깨봇'을 만들었다.

주원

수학을 싫어하고 노는 걸 좋아한다. 엄마가 낯선 사람을 따라가지 말랬는데 이상하게 깨봉 아저씨는 믿어도 될 것 같다는 느낌이 든다.

나는 수학이 정말 싫다. 오늘도 수학 학원에 가야 하는데, 무슨 소리인지도 모르는 수업을 억지로 들을 생각에 벌써부터 머리가 지끈지끈 아프다. 수학은 도대체 누가 만든 걸까? 왜 수학을 만들어서 나를 괴롭게 하는 걸까?

깨봉 음? 누가 수학 생각을 하나 본데?

주원 깜짝이야! 아저씨 누구세요?

깨봉 하하하하하! 나로 말하자면, 아직 피어나지 못한 꽃봉오리를 찾아다니는 사람이란다! 보아하니 수학 때문에 고민이 많은 것 같은데 아저씨랑 잠깐 그 이야기 좀 나누지 않을래?

주원 이상한 사람은 따라가지 말랬어요. 아저씨가 나쁜 사람일지 어떻게 알아요?

개봉 하하하하! 너 아주 교육을 제대로 받았구나! 알았어. 그럼 아저씨 명함을 줄 테니 마음이 바뀌면 찾아오렴. 이건 괜찮지?

그 이상한 아저씨는 명함을 건네더니 휙 가 버렸다. 명함에는 '△△아파트 놀이터'라는 문구 하나만 달랑 적혀 있었다. 우리 집과 그리 멀지 않은 곳이라 한번 가 볼까 하는 생각이 잠깐 들었지만... 이내 마음을 접고 터덜터덜 학원으로 향했다. 길가에는 아직 꽃이 피지 않아 앙상한 벚꽃나무가 죽 늘어서 있었다.

첫째 날
직사각형으로 만들어지는 수

> 다음 날, 나는 결국 호기심을 이기지 못하고 △△아파트 놀이터로 향했다. 내가 찾아올 줄 알았던 걸까? 어제 만났던 이상한 아저씨가 놀이터 벤치에 앉아 있었다. 그런데 허공을 쳐다보며 무언가 손짓하는 게, 꼭 보이지 않는 어떤 것을 잡으려는 듯했다. 한참을 그러다가 갑자기 표정이 환해지더니 곧 내 쪽으로 다가왔다. 뭐야, 처음부터 내가 온 걸 알고 있었던 건가?

깨봉 어제 그 친구구나! 어서 와라.

주원 안녕하세요. 그런데 뭘 하고 계셨어요? 한참 허공만 바라보고 있던데.

깨봉 아, 방금? 해를 보여 주기 위해 1,000겹의 커튼을 걷어 내는 중이었단다. 마침 다 걷었으니 같이 해를 볼 수 있겠구나.

주원 어… 네….

깨봉 하하하하하! 이 몸의 위대함은 스스로도 잘 알고 있으니 굳이 말해 주지 않아도 괜찮다! 너는 어떠니? 같이 한번 위대한 여정을 떠나 볼래? '수 탄생의 비밀'을 향해서.

주원 뭐… 일단 왔으니 들어 볼게요.

▲

깨봉 세상의 모든 것은 **복제**를 통해 만들어졌어. 수도 마찬가지지. 예를 들어, 2는 1을 2배로 복제한 수고, 6은 1을 2배로 복제한 후 다시 3배로 복제한 수야. 1은 복제의 원본이고.

주원 그게 무슨 소리예요?

깨봉 하하. 복제의 비밀에 대해서는 차차 깨닫게 될 거야. 우선 **배수**에 대해 얘기해 보자. 배수가 무엇인지 아니?

주원 배수는 어떤 수에 뭔가를 곱해서 만든 수 아닌가요?

깨봉 좋아. 그럼 3의 배수는?

주원 3의 배수는 3에다가 뭔가를 곱해서 만든 수예요. 3, 6, 9, 12 등이요.

깨봉 나쁘지 않구나! 아마 우리가 이야기를 마치고 나면, 너는 배수에 대해 더욱 선명하고 알록달록하게 설명할 수 있게 될 거란다! 자, 3의 배수는 3을 계속 **더하면서** 만들어지는 수야. 마치 복제하는 것처럼 말이지.

주원 복제요?

깨봉 그래. 3을 계속 더하면 3, 6, 9, 12와 같은 수가 만들어지고, 이렇게 만들어지는 수들을 3의 배수라고 부르겠지? 그리고 3을 계속 더하는 건 마치 복제하는 것과 같아.

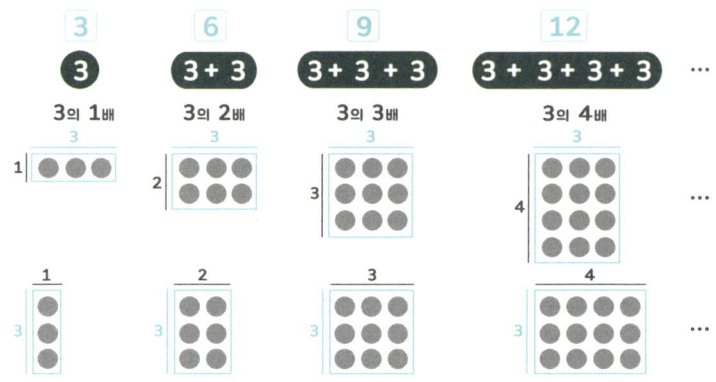

주원 음, 그렇네요. 처음의 동그라미 3개가 계속 복제되고 있어요.

깨봉 이렇게 3을 계속 복제하면 한쪽이 3줄인 **직사각형** 모양이 돼. 그림처럼 말이지. 그리고 당연하게도, '한쪽이 3줄인 직사각형 모양'으로 마무리가 안 되면 3의 배수가 아닌 거야. 숫자 10을 생각해 보렴.

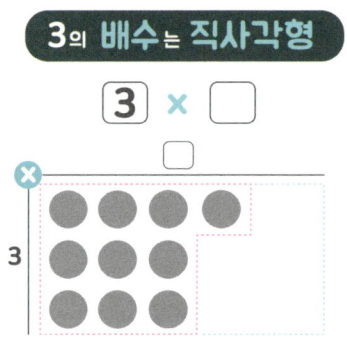

주원 10은 3을 복제해서 만들 수 없군요.

깨봉 즉, 3의 배수는 '3으로 만들어지는 수'라고 할 수 있지. 3을 복제한 수니까. 여기서 '복제'는 곱하기를 말하는 거고,

몇 배로 복제했는지가 3의 '개수'를 말하는 거야. 6은 3을 2배로 복제한 수니까 '3 × 2'라고 쓸 수 있겠지. 그럼 15는 어떻겠니?

주원 15는 3을 5배 복제한 거니까… '3 × 5'라고 쓰면 되나요?

깨봉 맞아. 아주 좋아. 3의 배수는 3으로 만들어지는 수니까, 3의 자손들이라고 할 수도 있지. 3에서 나온 거니까.

주원 자손이요? 아저씨는 수를 사람처럼 생각하네요.

깨봉 하하하하하! 네 말이 맞다! 때로는 수가 사람보다 더 사랑스러울 때가 있거든. 좋아, 그럼 3의 배수끼리 더하면 어떻게 될 거 같니?

주원 음… 뭐… 그냥 더했으면 더한 거 아닌가요?

깨봉 다른 특징이 생기지. **3의 배수끼리 더하면 항상 3의 배수가 된단다.** 예를 들어, 3의 배수인 6과 15를 더해 볼까? 직사각형 모양으로 표현해서 보자. 둘을 더하려면 어떻게 해야겠니?

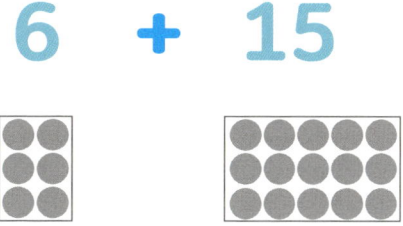

주원 두 직사각형을 옆으로 붙이면 될 것 같은데요?

깨봉 맞아. 실제로 붙여 보면 이런 모습이지. 붙인 후에도 여전히 한쪽이 3줄인 직사각형 모양이지?

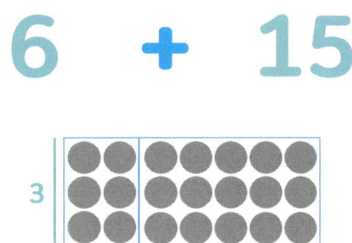

주원 아! 그래서 3의 배수끼리 더해도 3의 배수라는 거군요! 더한 후에도 한쪽이 3줄인 직사각형 모양이니까.

깨봉 6과 15가 아닌 다른 3의 배수들도 마찬가지겠지? 어차피 한쪽이 3줄인 직사각형 모양으로 표현되는 건 똑같을 테니까.

주원 그러네요. 흠, 생각해 본 적 없는 부분이라 그런지 좀 신기한데요?

깨봉 하하하! 그럼 이번엔 뺄셈이다. 3의 배수에서 3의 배수를 빼면 어떻게 될까? 네가 한번 생각해 보렴.

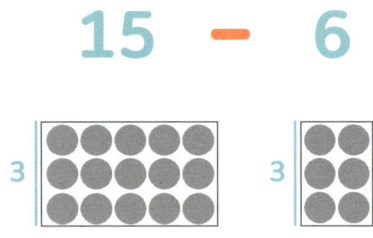

주원 음… 15에서 6을 뺀다고 치면, 어차피 둘 다 한쪽이 3줄인 직사각형이니까 빼고 나서도 여전히 한쪽이 3줄인 직사각형이에요. 그래서 또 3의 배수!

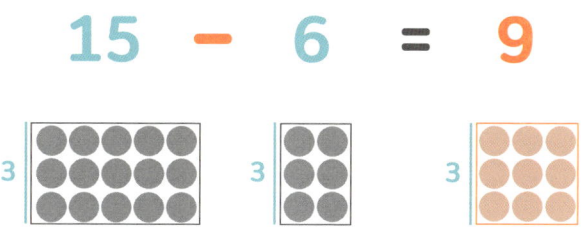

깨봉 내 훌륭한 설명이 통했구나! **3의 배수끼리 빼도 여전히 3의 배수**라는 걸 이제 잘 알겠지? 또, '3을 복제해서 만들어지는 수'라는 3의 배수의 뜻을 확실히 알고 있으면, 방금 살펴본 것 외에도 다양하게 응용할 수 있어. 소인수분해, 최소공배수, 최대공약수 등에서 좋은 도구가 되지.

주원 알겠어요. 기억해 놓을게요.

깨봉 하하하! 좋아. 이 초콜릿은 선물이다. 내 전 재산을 털어 샀지. 고맙다는 인사는 됐다! 다음에 보자! 하하하하하하!

주원 어… 네…. 감사합니다.

집에 오는 길에 아저씨에게 받은 초콜릿을 꺼내 들었다. 그런데 껍질을 벗기고 보니 초콜릿에서 3의 배수가 보였다. 세로 3줄짜리 직사각형이.

어디서 왔는지 모를 알록달록한 것들이 내 마음을 가득 채웠다.

둘째 날
배수와 약수

깨봉 배수의 뜻을 기억하니?

주원 네. 배수는 복제로 만들어진 수예요. 예를 들어서, 3의 배수는 3을 복제해서 만들어진 수죠.

깨봉 기억력도 좋은 편이구나! 맞아. 3은 복제로 3, 6, 9, 12…를 만들어 내지. '만들어진' 수들을 배수라고 한다면, 거꾸로 어떤 수를 '만들어 내는' 수들은 **약수**라고 한단다. 예를 들어, 12를 만들어 내는 수는 12의 약수인 거야. 3은 3, 6, 9, 12, 15…를 만들어 내니까 3은 3, 6, 9, 12, 15…의 약수인 셈이지. 약수는 **인수**라고도 불러. 영어로는 factor라고 하는데 어원을 살펴보면 '만들어 내다'라는

뜻을 가지고 있어. 같은 어원에서 나온 단어 factory(공장)를 생각해 봐. 공장도 제품을 만들어 내는 곳이지?

주원 만들어 내는 수… 약수가 그런 뜻이었군요?

깨봉 그래. 그럼 이제 응용을 해 보자. 모든 자연수는 1을 복제해서 만들 수 있겠지?

주원 네. 1을 계속 복제하면 어떤 자연수든 만들 수 있을 거예요.

깨봉 즉, 모든 수는 1로 만들어진다고 할 수 있어. 이걸 수학적으로 말하면 1은 모든 수의 약수가 된다고 할 수 있겠지. 다시 말하지만, 약수는 만들어 내는 수니까.

주원 그럼 거꾸로 말하면 모든 수는 1의 배수라고 할 수 있겠네요? 모든 수는 1로 만들어지니까요.

깨봉 하하하하하! 아주 정확하다! 그리고 모든 자연수는 자기 자신의 약수기도 하고 배수기도 해. 왜 그럴까?

주원 음, 모든 자연수는 자기 자신으로 만들어질 수도 있고 자신을 만들어 낼 수도 있으니까요. 8은 8로 만들어질 수도 있고, 8을 만들어 낼 수도 있어요.

깨봉 이야… 정말 훌륭해. 배수와 약수의 뜻을 제대로 깨쳤구나. 역시 이 몸의 명강의는 누구에게든 깨우침을 주지! 누구든 듣기만 한다면….

주원 아, 예….

깨봉 흠흠. '8 = 1 × 8' 이라는 식 속에 방금 한 말들이 모두 표현되어 있지. 1이 정말 중요한 수라는 걸 차차 더 알게 될 거야. 자, 그럼 다음 질문. 3의 배수는 몇 개일까?

주원 엄청 많지 않을까요? 계속 복제하면 계속 만들어질 것 같은데….

깨봉 그렇지. 3의 배수는 무한히 많단다. 그러면 12의 약수는 몇 개나 될까?

주원 12의 약수는 '12를 만들어 내는 수'이니까, 1, 2, 3, 6, 12 이렇게 5개 아닌가요?

깨봉 4로도 12를 만들 수 있는 것 같은데?

주원 아, 그렇네요. 그럼 1, 2, 3, 4, 6, 12. 이렇게 6개예요.

깨봉 맞아, 6개야. 약수를 찾을 때, 체계적으로 하지 않으면 방금 너처럼 뭔가를 빠뜨리기가 쉬워. 그럴 땐 짝을 맞춰 찾는 게 훨씬 쉽지.

주원 짝이요?

깨봉 그래. 12는 3을 4배로 복제한 수지? 이걸 직사각형 모양으로 표현해 보면 4도 12의 약수인 걸 알 수 있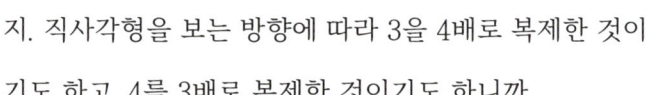
지. 직사각형을 보는 방향에 따라 3을 4배로 복제한 것이기도 하고, 4를 3배로 복제한 것이기도 하니까.

주원 그러고 보니 그렇네요! 맨 왼쪽 줄 3개를 기준으로 볼 수도 있고 맨 윗줄 4개를 기준으로 볼 수도 있어요.

깨봉 그러면 3과 4는 서로 짝을 이루는 약수라고 말할 수 있는 거란다. 서로를 도와 12를 만들어 내는 수니까.

주원 직사각형을 이용하면 짝을 알아보기 쉽겠어요.

깨봉 그렇지! 그럼 직사각형 그림을 이용해서 다시 12의 약수를 찾아볼까?

주원 음… 12를 표현할 수 있는 직사각형은 이렇게 3가지예요.

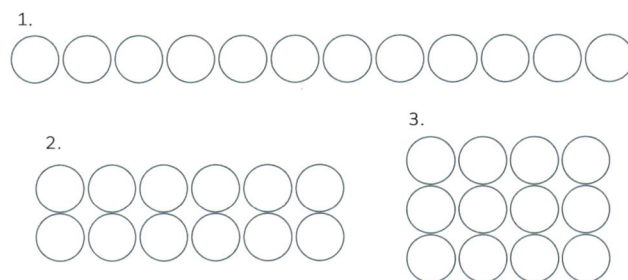

주원 첫 번째 직사각형에서 1과 12, 두 번째 직사각형에서 2와 6, 세 번째 직사각형에서 3과 4를 12의 약수로 찾을 수 있어요.

깨봉 하하하! 아주 잘했다! 방금 찾은 것처럼 약수는 짝을 이뤄 나타나지. 물론 가끔 짝이 없이 혼자인 경우도 있긴 하지만…. 응? 너, 말이 없는 걸 보니 내 강의에 지나치게 감동한 모양이구나? 하하하하하! 감동의 눈물을 흘리려거든 그렇게 하렴! 오늘은 여기까지 하자.

얘기가 끝나자 아저씨는 오늘도 무언가를 잡기 위해 허공으로 손을 뻗었다. 나도 집에 가는 길에 허공으로 손을 뻗어 보았지만 아무것도 잡을 수 없었다.

셋째 날
탄생의 비밀을 담은 복제코드

학교에서 DNA에 대해 배웠다. DNA는 나의 복제코드로, 내가 어떤 모습이 될지를 결정하는 정보가 가득 담겨 있다고 한다. 내가 아빠와 엄마를 닮은 이유도 아빠와 엄마의 DNA를 물려받았기 때문인 것이다. DNA가 조금만 바뀌어도 완전히 다른 모습이 될 수도 있다는데, 그게 신기하기도 하고 무섭기도 했다. DNA에 대해 이런저런 생각을 하다 보니 어느새 △△아파트 놀이터였다.

주원 안녕하세요~

깨봉 어서 와라! 기다리고 있었단다. 마침 수의 DNA에 대해 생각하고 있던 참이었거든!

주원 수의 DNA요? 수에도 DNA가 있어요? DNA는 우리 몸에만 있는 것 아닌가요?

깨봉 하하하! 사실 그렇지. 그런데 우리 몸에 DNA라는 탄생의 비밀이 있는 것처럼 수에도 탄생의 비밀이 있거든. 사실 수의 DNA는 수의 '탄생의 비밀'인 **복제코드**에 내가 붙인 이름이야.

주원 복제코드… 아저씨가 이제부터 그 이야기를 할 거라는 건 알겠어요.

깨봉 자, 모든 수는 1로부터 만들어졌어. 1은 모든 수의 약수라고 했던 거 기억하지?

주원 네. 1은 모든 수를 만들어 내는 수니까요.

깨봉 그래서 1이 바로 복제의 원본이야. 복제의 시작이라고도 말할 수 있겠지. 수의 DNA는 복제의 원본인 1을 가지고 수를 만들어 내는 '가장 효율적인 복제코드'를 말해. 10이라는 수를 가지고 DNA를 관찰해 보자. 먼저 1이 있다고 생각하고 무작정 복제해서 10을 만들어 볼까? 몇 번 복제를 해야 할 거 같니? 우리가 만들었던 직사각형을 늘 기억하렴.

주원 10번? 아, 아니에요. 1이 있는 상태에서 시작하면… 1을 1번 복제하면 2가 되고, 2번 복제하면 3이 되니까 10을 만들려면 9번 복제를 해야 해요.

개봉 대단한걸? 이때 만약 1번 복제에 1초가 걸린다고 하면 10을 만드는 데에는 9초가 걸리겠지. 그런데 1을 5까지만 복제한 다음에, 전체를 다시 2배로 복제하면 훨씬 빨리 10을 만들 수 있어. 걸리는 시간이 4초나 줄어드는 거지.

개봉 그래서 10의 DNA는 2와 5란다. 10을 가장 효율적으로 만들어 내는 복제코드지. 이걸 식으로 표현하면 $10 = 2 \times 5$가 되겠지? 그러니까 $10 = 2 \times 5$라는 식을 보면 10은 1을 2배로 복제한 후 다시 5배로 복제한 수라는 걸 알 수 있는 거야. 물론 순서를 바꿔서 1을 5배로 복제한 후 다시 2배로 복제한 수라고 볼 수도 있지.

주원 DNA가 뭔지 좀 알 것 같아요.

개봉 그럼 네가 6의 DNA를 구해 볼래?

주원 6 = 2 × 3이니까 6의 DNA는 2와 3이에요. 6은 1을 2배로 복제한 후, 다시 3배로 복제한 수죠.

깨봉 좋아, 그럼 숫자를 키워서 30의 DNA도 구해 보자.

주원 30 = 5 × 6이니까 30의 DNA는 5와 6이에요.

깨봉 물론 5와 6으로도 30을 만들 수 있지. 그런데 더 효율적인 방법이 있어. 5와 6중에서 6을 만드는 방법을 생각해 보자. 1을 복제해서 만드는 것보다 2와 3으로 만드는 게 효율적이지? 6 = 2 × 3이니까. 그래서 30도 30 = 2 × 3 × 5와 같이 만드는 게 가장 효율적이야. 30의 DNA는 2, 3, 5가 되지.

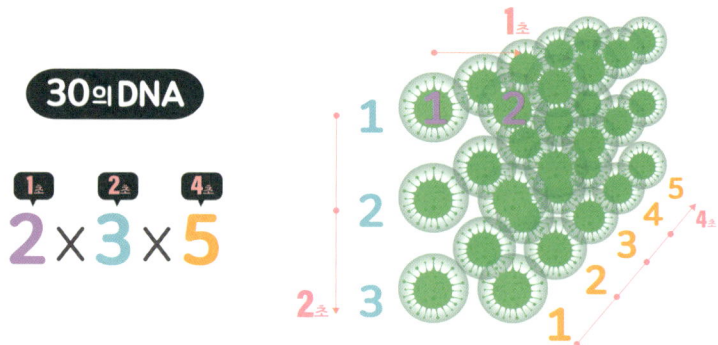

주원 아하, 복제할 수 있는 걸 최대한 많이 이용할수록 더 효율적으로 만들어 낼 수 있네요.

깨봉 그렇지. 그래서 수의 DNA를 찾을 때에는 가능한 한 복제를 많이 활용해야 해. 그럴수록 효율이 높아지거든. 비교해서 볼까? 30을 $2 \times 3 \times 5$로 만들었을 때와 3×10으로 만들었을 때, 그리고 1×30으로 만들었을 때를 각각 보렴.

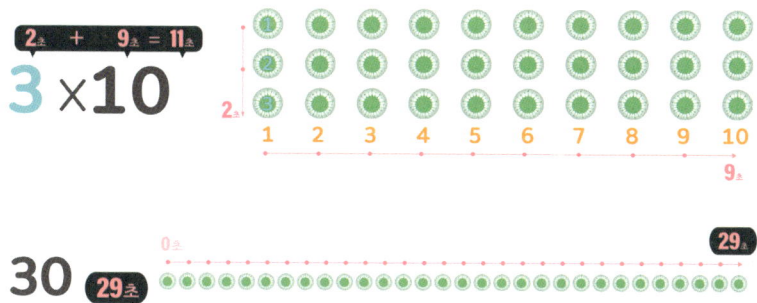

주원 확실히 $30 = 2 \times 3 \times 5$로 만들었을 때에 복제 횟수가 줄어드니 시간이 적게 걸리네요.

깨봉 우리 몸도 하나의 세포에서부터 복제되어 만들어졌어. 그런데 1×30처럼 하나의 세포가 한 번에 하나씩 복제되는 방법으로 만들어진다면 어떻겠어? 손가락 하나 만드는 데에도 시간이 정말 오래 걸릴 거야. 하지만 우리 몸은 $2 \times 3 \times 5$처럼 효율적인 복제를 통해 40주 만에 세상에 나올 만큼 자란단다. 태어나기 전 얘기지. 물론 $2 \times 3 \times 5$와 완전 똑같은 방식은 아니지만.

주원 신기하네요. 이제 효율적 복제코드, 수의 DNA라는 이름이 확 와닿아요.

깨봉 하하하! 이 몸이 만든 용어의 위대함을 깨달았구나! 오늘도 위대한 강의였지? 하하하하하!

주원 아저씨한테는 왠지 좋은 말을 함부로 하면 안 될 것 같아요….

 동영상으로 다시 볼까요?

넷째 날
프라임수, DNA 구성 요원

DNA를 배운 후로 이것저것 상상해 보게 되었다. DNA가 조금만 달라도 완전 다른 생명체가 된다고 하던데, 나와 깨봉 아저씨의 DNA는 얼마나 다를까? 나의 DNA를 조금만 바꾸면 깨봉 아저씨처럼 될 수 있는 걸까? 그러면 좋을 것 같은데. 물론! 다른 건 다 빼고 수학 실력만.

깨봉 거울아! 세상에서 가장 잘생긴 사람을 비추어다오! 오, 역시 이 몸의 얼굴을 비추는구나! 잘했다. 요 귀여운 녀석. 어쩜 이리 진솔할꼬?

주원 아저씨… 뭐 하세요?

깨봉 크흠! 사생활을 훔쳐보다니 무례한 소년이다!

주원 놀이터 한복판에서 무슨 사생활이에요?

깨봉 이 몸이 잘생긴 걸 질투하는 게냐? 하하하하! 마음은 이해한다!

주원 그냥… 지난번에 하던 얘기나 계속 하면 안 되나요?

깨봉 흥, 수학으로 말을 돌리는구나? 좋아. 그럼 오늘은 40의 DNA부터 찾아보자. 아, 그 전에 너 40이 무슨 뜻인지 알고 있니?

주원 40은 그냥 40이죠.

깨봉 40은 '십(10)이 4개'라는 뜻이야.

주원 그 정도는 저도 알아요. 당연한 얘기 같은데….

깨봉 당연해 보여도 이 뜻은 굉장히 중요해. 십이 4개라는 뜻을 이용하면 40의 DNA를 쉽게 찾을 수 있거든. 이 뜻을 잘 기억해 두렴.

주원 알겠어요.

깨봉 지금은 우선 DNA를 구성하는 수들에 대해 알아보자. 2나 5 같은 수들 말이지. DNA가 될 수 있는 수들은

굉장히 중요한 수이기 때문에 **프라임수(prime number)**라고 불러. prime은 중요하다는 뜻이지. 너도 알다시피 number는 수라는 뜻이고. 우리 말로는 '소수'라고 해.

주원 소수는 들어 본 것 같아요.

깨봉 어떤 수의 DNA를 찾는 과정은 그 수를 프라임수의 곱으로 나타내는 과정이야. 프라임수인 인수(약수)로 분해한다는 의미에서 '소인수분해'라고도 하지. 우선 60의 DNA를 찾아보는 소인수분해를 해 보자.

주원 60은 6 × 10이고 6 = 2 × 3, 10 = 2 × 5니까 60 = 2 × 3 × 2 × 5가 돼요. 그럼 60의 DNA는 2, 3, 5죠?

깨봉 잘했어. 이렇게 프라임수는 더 이상 분해되지 않는 수를 말한단다. 그럼 2부터 9까지의 자연수 중에서 프라임수를 찾아보자. 하나씩 확인해 볼래?

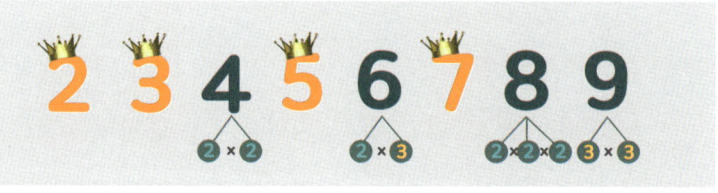

주원 2, 3, 5, 7만 프라임수예요. 4, 6, 8, 9는 분해가 되니까요.

깨봉 좋아. 그러면 1은 어떨까? 1도 프라임수일까?

주원 음… 1도 더 쪼개지지 않기는 하니까 프라임수가 맞는 거 같아요.

깨봉 1은 더 쪼개지지 않기는 하지만, 복제의 원본이기 때문에 DNA에 나타나지 않아. 그리고 1로 복제해 봤자 수가 커지지도 않지. 3 × 1 = 3, 4 × 1 = 4 등을 생각해 보면 이해할 거야. 그래서 1은 중요한 수, 즉 프라임수라기보다는 **수의 지존**이라고 할 수 있어.

주원 갑자기 1이 대단해 보이네요.

깨봉 하하하! 1은 나처럼 엄청난 존재지. 그렇다면 프라임수 중 가장 작은 수는 뭘까?

주원 2요. 1은 프라임수가 아니니까.

깨봉 맞아. 그러면 프라임수의 DNA는 무엇일까? 예를 들어, 7의 DNA를 생각해 볼래?

주원 7의 DNA는… 그냥 7이요. 자기 자신. 아! 생각해 보니 다른 프라임수들도 자기 자신을 DNA로 가져요. 더 이상 분해될 수 없으니까요.

깨봉 훌륭해. 프라임수는 많은 신비를 가지고 있지. 수학자들이 몇백 년 동안 노력했지만 그 비밀을 모두 밝혀내지 못했단다. 대표적으로 1859년에 독일 수학자 리만이 제시한 '리만 가설'이라는 게 있는데, 아직까지도 증명되지 않았어.

주원 그럼 수학의 지존인 아저씨가 한번 해결해 보는 게 어때요?

깨봉 아, 음… 크흠. 한때는 리만 가설을 증명하는 게 나의 꿈이었었지. 하하… 뭐, 지금은 반쯤 포기한 상태지만…. 오늘은 여기까지 하고, 다음에 보자.

주원 네… 또 올게요.

헤어지기 전 마지막으로 본 아저씨 얼굴이 슬퍼 보여서, 집에 가는 내내 마음 한편이 찜찜했다

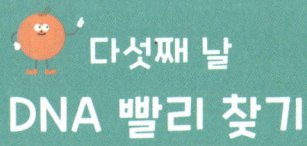

다섯째 날
DNA 빨리 찾기

왼손과 오른손은 서로 닮았다. 마치 복제한 것처럼.

깨봉 자, 얘들아! 19와 300 중에 어떤 수가 더 쉬운 수냐?

아이들 무슨 소리예요. 이상한 아저씨다! 수학 얘기할 거면 저리 가요! 재미없어요!

깨봉 이런! 수학의 '수' 자도 모르는 녀석들! 너희나 저리 가라!

주원 아저씨! 뭐 하시는 거예요! 왜 애들한테 화를 내요?

깨봉 저 녀석들이 수학을 따분하다고 모욕하지 뭐냐. 영원한 베스트 프렌드! 내 베프 수학을!

주원 베프라니, 수학 의견도 들어 봐야 할 거 같은데요?

깨봉 흥, 너마저도 아직 수학의 위대함에 빠지지 못한 것이냐? 그럼 네 생각에는 19와 300 중에 어떤 수가 더 쉬우냐?

주원 19가 더 쉽지 않나요? 작은 수가 더 세기 쉽잖아요. 19에 비하면 300은 너무 큰 수예요.

깨봉 맞아. 그렇게 볼 수도 있지. 사실 정해진 답은 없어. 바라보는 관점에 따라 답이 달라지니까. 그렇지만 특정 관점에서 보면 300이 19보다 훨씬 쉬운 수일 수도 있다는 거야.

주원 그게 어떤 관점인데요?

깨봉 좋은 질문이야. 일단 300의 DNA를 찾아봐. 그동안 배운 것들을 떠올리면서.

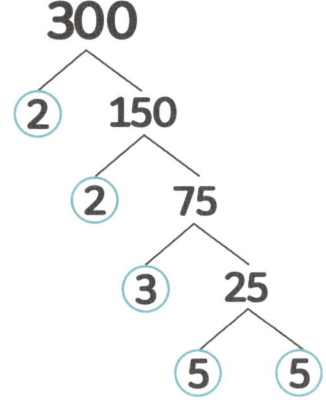

주원 일단 2로 나눠지니까… 좀 복잡하지만 끝까지 해 보면 이렇게 돼요.

깨봉 흠. 배웠던 걸 몽땅 까먹었구나.

주원 예? 이 정도면 나름 잘한 것 같은데….

깨봉 300의 뜻이 뭐였지?

주원 300은… 백(100)이 3개?

깨봉 그걸 알면서 DNA를 저렇게 구하다니? 다시 해 봐.

주원 처음에 300을 2 × 150 말고 3 × 100으로 쪼개라는 거죠? 이런 식으로요.

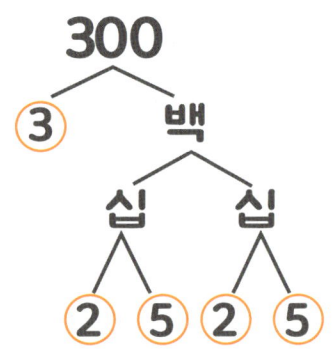

깨봉 좋아. 이렇게 하니까 훨씬 쉽지?

주원 좀 쉬운 것 같기도 하고… 그런데 큰 차이가 있는지는 솔직히 잘 모르겠어요.

깨봉 300이 너무 쉬웠나? 3000을 분해해 보면 확실히 알 수 있을 거야. 3000을 그냥 분해하려면 오래 걸리지만 3000 = 3 × 천(1000)으로 먼저 분해한 후, '천 = 십 × 십 × 십'으로 분해하면 굉장히 간단해지니까. 그래서 이렇게 10으로 분해할 수 있는 경우엔 10을 먼저 찾아내면 굉장히 편해.

주원 무슨 뜻인지 알 거 같아요.

깨봉 아무튼, 300을 3 × 2 × 5 × 2 × 5 로 바꿔 놓으니 19보다 훨씬 간단하지? DNA에 2, 3, 5 같이 작은 수들밖에 없으니까.

주원 그래도 19가 더 쉬워 보이는데… 아저씨 표정이 안 좋아 보이니까, 그냥 300이 더 쉽다고 쳐요.

깨봉 하하하하하! 넓은 마음을 가졌구나! 고맙다! 하하! 그런데 네가 처음 300의 DNA를 찾을 때, 어떻게 바로 2로 분해할 생각을 했지?

주원 300이 짝수니까요.

깨봉 300이 짝수인 건 어떻게 알았고?

주원 맨 뒷자리 수가 0이라서요. 맨 뒷자리 수가 0이나 짝수면 그 수는 짝수라고 배웠어요.

깨봉 맞는 말이야. 그런데 그 이유는 뭘까?

주원 그야… 당연한 것 같은데 막상 설명하려니 못 하겠어요.

개봉 그럼 그 이유를 같이 한번 알아보자. 10의 DNA는 2와 5지?

주원 네, 맞아요.

개봉 즉, 10은 2를 복제해서 만들 수 있는 거야. 10이 2의 배수라는 말이지. 그러면 10으로 만들 수 있는 수는 2로도 만들 수 있겠지? 10을 2로 만들 수 있으니까. 이해되니?

주원 알겠어요. 10으로 만들 수 있는 수는 2로도 만들 수 있고, DNA에 전부 2를 가지게 돼요.

개봉 그러니까 모든 10의 배수는 2의 배수라고 말할 수 있어. 10의 배수는 10으로 만들 수 있는 수니까.

주원 그럼 5도 마찬가지겠네요?

개봉 그렇지. 10은 5로 만들어지니까, 10으로 만들 수 있는 수는 5로도 만들 수 있지. 따라서 10의 배수는 5의 배수야. 좀 더 생각해 보자. 2340 같이 일의 자리 숫자가 0인 수는 10의 배수니까 2의 배수야. 여기에 2의 배수를 더해도 여전히 2의 배수겠지?

주원 네, 직사각형 그림으로 했던 내용이죠!

깨봉 그래. 만약 2340에 2의 배수가 아닌 수를 더하면 2의 배수가 아니겠지. 끄트머리에 하나가 남아서 2줄짜리 직사각형 모양이 만들어지지 않을 테니까 말야. 2340 + 3 = 2343처럼. 그래서 어떤 수가 2의 배수인지 확인하려면 맨 뒷자리 숫자만 확인하면 돼. 어차피 십의 자리 이상의 부분은 무조건 2의 배수가 되니까.

주원 저는 방법만 알고 이유는 몰랐던 거네요.

깨봉 마찬가지로 2340같이 일의 자리가 0인 수는 10의 배수니까 5의 배수기도 해. 여기에 5의 배수를 더해도 여전히 5의 배수겠지? 즉, 어떤 수가 5의 배수인지 확인하려면 맨 뒷자리 숫자만 확인하면 돼. 십의 자리 이상의 부분은 어차피 5의 배수가 되니까. 아무리 큰 수라도 2의 배수 또는 5의 배수인지는 금방 알 수 있단다. 4569998714는 2의 배수지만 5의 배수는 아니지. 맨 뒤 숫자가 4니까.

5의 배수
2340
2345
2350
2355
2360

주원 너무 간단한데요?

깨봉 수의 DNA를 찾을 때 직접 나눠 보지 않고 어떤 수의 배수인지 알아볼 수 있는 방법을 알면 굉장히 유용해. 예를 들어, 18954는 9의 배수야. 직접 나눠 보지 않아도 쉽게 알 수 있지.

주원 음… '배수 판정법'이었나? 뭔가 배웠던 기억은 있는데….

깨봉 9의 배수인지 알아보는 것은 그리 어렵지 않아. 왜냐하면 9는 10이랑 가깝거든. 다음에는 각 수의 배수를 관찰해 봐야겠구나.

주원 네, 좋아요.

깨봉 오호, 이젠 다음 시간이 기대되는 모양이지? 하하하! 당연하겠지. 이 몸의 명강의는 굴러다니는 돌도 수학 천재로 만드니까! 하하하하!

집에 가서 오랜만에 그림을 그려 봤다. 손바닥을 한쪽씩 스케치북에 대고 따라 그린 후 '두 손 다섯 손가락'이라는 제목을 붙였다. 마무리로 아저씨 얼굴이 들어간 돌덩이도 하나 그려 주었다.

여섯째 날
4와 8의 배수 관찰하기

놀이터에 갔는데 웬일로 아저씨가 보이지 않았다. 어디 간 거지?

지금쯤이면 올 때가 됐는데.

깨봉 크아!

주원 악! 깜짝이야! 놀랐잖아요!

깨봉 하하하! 이 몸의 우레와 같은 등장에 깜짝 놀랐구나. 그럴 만도 하지. 이 몸은 오늘도 위대한….

주원 으… 수학 얘기를 하면 좋겠는데요.

깨봉 크흠. 즐거움을 절제하는 친구구먼. 좋아, 시작해 볼까? 오늘은 4의 배수를 관찰해 보자. 지난번과 비슷한 방법으로 말이지.

주원 4의 배수도 2나 5의 배수랑 비슷한가요?

깨봉 지난번에는 10이 2의 배수라는 사실을 활용했지? 이번에는 100이 4의 배수라는 사실을 활용할 거야. 100은 10 × 10이고, 10은 다시 2 × 5로 나타낼 수 있어. 그럼 100의 복제 코드에는 2가 2개 들어가겠지? 따라서 100은 4의 배수라는 걸 확인할 수 있단다. 100이 4로 만들어지니까 100으로 만들어지는 다른 수 역시 4로 만들어질 수 있어.

주원 그래서 모든 100의 배수는 다 4의 배수라는 말씀이죠?

개봉 응. 이 방법을 쓰면 1972가 4의 배수인지 빠르게 확인할 수 있겠지. 1972 = 1900 + 72이고, 그중에서 1900은 100의 배수니까 자동으로 4의 배수가 돼. 나머지 72만 4의 배수인지 확인하면 되는 거야.

주원 72를 4로 나누면 18로 나눠떨어지니까, 그럼 1972는 4의 배수가 맞아요.

개봉 72가 4의 배수인지 확인할 때도 조금 더 간단하게 할 수 있어. 20 = 4 × 5니까 20은 4의 배수겠지? 마찬가지로 20을 복제해서 만드는 40, 60, 80도 4의 배수가 되거든.

주원 아! 알겠어요. 72 = 60 + 12로 쪼개라는 거죠? 60은 어차피 4의 배수라 따져 볼 필요가 없으니까요.

깨봉 맞아, 훌륭해. 그럼 남은 12가 4의 배수인지는 금방 알 수 있을 거고.

주원 확실히 72보다는 12가 4의 배수인지 확인하는 게 훨씬 쉬워요.

깨봉 지금처럼 어려운 문제도, 쉽고 잘 아는 것으로 바꿔 생각하는 힘만 있으면 쉽게 해결할 수 있어. 바로 이어서 8의 배수를 관찰해 볼까? 8의 배수는 2의 배수, 4의 배수를 관찰할 때 사용했던 방식을 조금만 응용하면 되거든.

주원 어떻게요?

깨봉 10은 2의 배수고 100은 4의 배수였지? 그럼 1000은 어떤 수의 배수일 것 같니?

주원 8이겠네요?

깨봉 하하하하! 눈치가 좋구나? 확인해 보자. 1000의 DNA를 찾아봐.

주원 $1000 = 10 \times 10 \times 10$이니까 $1000 = 2 \times 2 \times 2 \times 5 \times 5 \times 5$예요.

깨봉 맞아. 1000의 DNA는 2가 3개, 5가 3개지. 그런데 $2 \times 2 \times 2$가 8이니까 1000은 8의 배수인 거야. 그러니까 어떤 수가 8의 배수인지 확인할 때 천의 자리 이상은 볼 필요가 없겠지? 1000이 8의 배수니까.

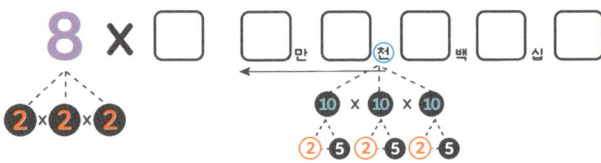

주원 100이 4의 배수라서 어떤 수가 4의 배수인지 확인할 때 백의 자리 이상은 볼 필요가 없었던 것처럼 말이죠?

깨봉 정확해. 그럼 이제 13756이 8의 배수인지 확인해 볼래?

주원 천의 자리 이상은 볼 필요 없으니까… 756만 따져보면 되겠네요. 그런데 이걸 8로 나누기는 좀 오래 걸리겠어요.

깨봉 먼저 쉬운 것부터 해 보자. 4의 배수인지 판단할 때 사용했던 방법처럼, 우리가 이미 알고 있는 쉬운 방법을 사용해 보는 거야. 100은 8의 배수가 아니지만 200, 400, 600, 800은 8의 배수거든. DNA로 보면 쉽게 알 수 있지.

주원 그러면 756을 600+156으로 나누고, 600은 8의 배수니까

156만 보면 되겠네요.

깨봉 156도 8로 나누기가 쉬운 편은 아니지. 그럼 다시 80이 8의 배수임을 이용해서 156 = 80 + 76로 쪼갠 뒤에 76만 8로 나눠 보면 되는 거야. 76은 8로 나눠지지 않으니 결국 13756은 8의 배수가 아니지.

주원 음… 계속 쉬운 숫자로 만들어 가는 과정이네요.

깨봉 또는 756 = 800 − 44니까 44가 8의 배수인지만 따지면 돼. 44 = 40 + 4고 4는 8의 배수가 아니니까, 결국 756은 8의 배수가 아니지. 항상 이미 알고 있는 쉬운 방법으로! 자, 그럼 이번엔 308328이 8의 배수인지 확인해 보겠니?

주원 308328에서 천의 자리 이상은 볼 필요 없으니까, 뒤의 세 자리인 328만 보면 돼요. 200이 8의 배수니까 328 = 200 + 128로 쪼개 보면….

깨봉 거기서 잠깐! 물론 328 = 200 + 128로 생각해도 되지만 여기서는 더 쉬운 방법이 있어.

주원 그게 뭔데요?

깨봉 328에서 제일 끝자리 8이 8의 배수라는 건 바로 알 수 있지? 그러니까 그것을 빼고 남은 것이 8의 배수인지만 확인하면 돼. 32가 8의 배수니까 320도 8의 배수고, 결국 328은 8의 배수가 되지. 다시 한 번 말하지만, 문제를 마주했을 때는 공식을 생각하기 전에 항상 어떻게 하면 쉽고 이미 알고 있는 것으로 바꿀 수 있을지 생각해야 한단다. 이번에는 조금 큰 수를 예로 들어 보자. 12835749는 7의 배수일까?

주원 7의 배수는 안 가르쳐 주셨잖아요? 이렇게 갑자기 어려워지면 어떡해요?

깨봉 하하하! 그럼 이 몸이 설명해 주마. 어렵게 보이는 문제를 아주 쉽게 풀 수 있는 능력을 보여 주지! 잘 따라오거라. 제일 끝 두 자리에 있는 49와, 백의 자리의 7, 그리고 그 위의 35, 28이 보이지? 이것들 모두가 7의 배수니까 천만 (10000000)의 자리를 제외한 2835749는 7의 배수가 돼. 남은 10000000이 7의 배수인지 아닌지만 확인하면 되는 거야.

주원 10의 배수의 DNA는 2와 5로만 구성되어 있으니까, 10000000은 7을 복제해서는 절대 만들어 낼 수 없는 수네요! 12835749도 7의 배수가 아니고요. 음… 맞출 수 있었을 거 같은데 아쉽다. 쉽고 알고 있는 것으로 생각하는 게 뭔지 이제 좀 알겠어요.

깨봉 하하하! 조금은 알 것 같다니 기쁘다! 이것이 제자 양성의

기쁨이로군! 너는 이 깨봉아저씨의 좋은 수제자가 될 거다! 하하하하하!

주원 수제자는 생각을 좀 해 보면 안 될까요….

꿈에서 슈퍼에 갔다. 우유를 4병 샀는데 가격이 13,682원이었다. 나도 모르게 '우유가 4병인데 왜 가격이 4의 배수가 아니지?'라는 생각을 하며 위를 올려다보았는데… 와, 깜짝이야. 광고판에서 아저씨가 웃으며 날 쳐다보고 있었다.

화들짝 놀라 잠에서 깼다. 그리고 사이다를 사러 슈퍼에 갔는데 사이다 8병의 가격이 17,654원이었다. 또 나도 모르게 '사이다가 8병인데 왜 가격이 8의 배수가 아니지?'라고 생각하며 위를 올려다볼… 뻔했지만 왠지 그럼 안 될 거 같다는 예감이 들었다. 일부러 고개를 숙이고 계산대까지 가서 카드를 내밀었는데… 아, 진짜! 아저씨가 내 카드를 받아 들며 웃고 있었다.

일곱째 날
9와 3의 배수 관찰하기

주원 안녕…하세요….

깨봉 안색이 좋지 않은데?

주원 어젯밤에 악몽을 연달아 꿨어요.

깨봉 저런… 내가 다 해결해 주마! 그럴 때는 수학이 특효약이거든! 이 몸만 믿거라!

주원 오늘 밤에도 악몽을 꿀 것 같은 예감이… 드네요….

깨봉 아직 수학에 대한 믿음이 부족하도다! 들어 봐라, 오늘은 9의 배수에 대해 얘기할 거거든. 9는 십진수 세계에서 아주 멋진 숫자란다.

주원 왜 멋진데요?

깨봉 내가 좋아하는 수거든!

주원 음, 빠르게 9의 배수 얘기로 넘어가는 게 좋겠어요.

깨봉 하하하! 그래, 그럼 9의 배수를 관찰해 보자. 9, 99, 999, 9999와 같이 모든 자리가 9인 수는 9의 배수가 맞지?

주원 맞는 것 같아요. 9999를 9로 나누면 1111이니까요. 다른 수들도 다 마찬가지고요.

깨봉 맞아. 모든 자리의 수가 9니까 당연히 9로 만들어질 수 있겠지. 111을 9배로 복제하면 999가 되는 것처럼, 모든 자리의 수가 1인 수를 9배로 복제하면 9의 배수가 만들어질 테니까. 거꾸로 9를 111배로 복제해도 999가 되고. 그렇지?

주원 네! 맞아요.

깨봉 그런데 999는 천(1000)보다 1 작은 수야. 거꾸로 말하면 천 = 999 + 1이지. 이 사실을 이용해서 7000이 9의 배수인지 확인해 보자. 7000의 뜻이 '천이 7개'라는 걸 이용하면 7000을 이렇게 표현할 수 있어.

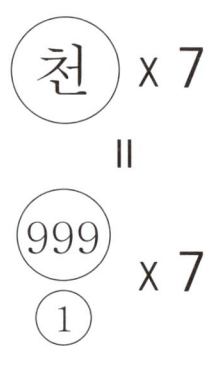

그러면 7000은 999가 7개, 그리고 1이 7개인 수야. 식으로 표현하면 7000 = 999 × 7 + 7이지.

주원 아! 어차피 앞의 999는 9의 배수니까, 뒤에 남은 7만 보면 된다는 거죠?

깨봉 그렇지. 7은 9의 배수가 아니니까 7000도 9의 배수가 아니게 된단다. 이번에는 2345가 9의 배수인지 관찰해 보자. 천 = 999 + 1, 백 = 99 + 1, 십 = 9 + 1이용해서 2345를 쪼개면 꽤나 간단해지거든.

9, 99, 999는 모두 9의 배수니까, 빼고 생각하면 7000에서 7이 남았던 것처럼 2000에서는 2가 남고 300에서는 3이 남고 40에서는 4가 남지. 당연히 5는 그냥 5가 남고.

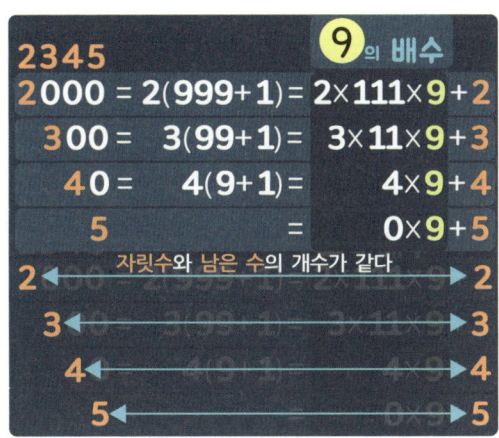

주원   각 자리의 숫자와 남은 수의 개수가 같아요.

깨봉   그렇지. 그러니까 남은 수들을 모두 더해 9의 배수가 되면 원래의 수도 9의 배수가 되겠지?

주원   2 + 3 + 4 + 5 = 14니까 9의 배수가 아니네요. 그럼 2345도 9의 배수가 아니에요.

깨봉   좋아. 바로 이어서 3의 배수도 관찰해 보자. 9의 배수는 3의 배수가 맞니?

주원   네, 9는 3으로 만들어지니까 9로 만들어지는 수는 3으로도 만들어져요.

깨봉 그러면 2345를 이렇게도 볼 수 있겠지. 9의 배수는 3의 배수니까.

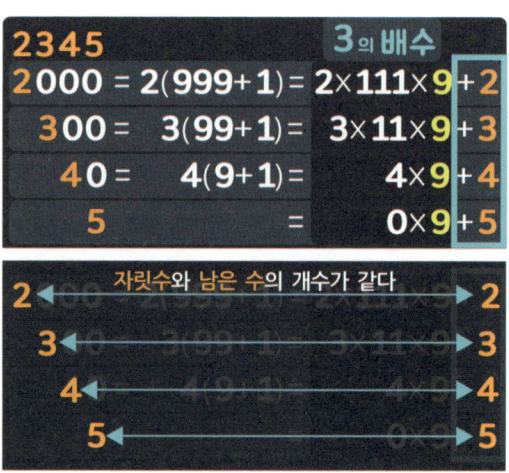

주원 그렇네요? 9의 배수와 상황이 완전 똑같아요. 남은 수가 3의 배수인지만 확인하면 돼요. 2 + 3 + 4 + 5 = 14니까 3의 배수가 아니고, 그래서 2345도 3의 배수가 아니에요.

깨봉 좋다! 이젠 알아서 잘하는구나! 훌륭하다, 훌륭해.

주원 하하하! 이렇게 뛰어난 제자를 가르칠 수 있다니 아저씨는 참 운이 좋네요.

깨봉 하하하하! 날 닮아 가는 모습이 아주 보기 좋다! 나도 자신감이 생기는 기분이고. 하하하!

또 슈퍼에 가는 꿈을 꿨다. 콜라 3병을 집으려는 순간 뭔가 싸한 느낌이 들어 슈퍼 밖으로 도망쳤다. 그러고는 길을 따라 걷는데 벽에 붙어 있는 전단지가 눈에 들어왔다. '헬스 3개월에 54,000원'. '3개월 가격이니까 3의 배수군' 하는 생각이 들며 마음이 편안해졌다. 오늘은 아저씨가 나타나지 않았다.

> **여덟째 날**
> # 100까지의 소수(프라임수)

깨봉 오늘은 안색이 좋구나. 어젯밤에는 푹 잤니?

주원 네. 어제는 악몽을 꾸지 않았어요. 푹 잔 것 같아요.

깨봉 하하하! 역시 수학은 뭐든지 해결한다니까! 만병통치약이야, 만병통치약.

주원 수학 때문인지는 잘 모르겠는데요….

깨봉 꿈 얘기가 나온 김에, 네 꿈은 뭐냐?

주원 제 꿈이요? 음, 아직 잘 모르겠어요. 유튜버도 좋아 보이고, PC방 사장님도 되고 싶고, 프로그래머도 멋있다고 생각했어요. 게임 만드는 일도 좋을 거 같아요. 아저씨는 꿈이 뭐였어요?

깨봉 나? 어… 나는….

주원 전에 리만? 뭐를 증명하는 게 꿈이었다고 하지 않았어요?

깨봉 리만 가설… 그래, 천진난만하던 어릴 적의 꿈이었지. 지금은 꺾인 꿈이지만 말이지…. 자! 어쨌든 오늘도 수학 얘기나 하자. 리만 가설 얘기가 나온 김에 프라임수에 대해 얘기해 볼까? 프라임수가 뭔지 기억하니?

주원 프라임수는 더 이상 쪼갤 수 없는 수예요. 그래서 DNA의 구성 요원이 될 수 있어요. 우리말로는 소수라고 부르고요.

깨봉 잘 기억하고 있구나! 그럼 오늘은 1부터 100사이의 프라임수를 한번 찾아보자. '에라토스테네스의 체'를 이용해 볼 거야.

주원 에라토… 뭐라고요?

깨봉 에라토스테네스의 체! 부엌에서 쓰는 체를 떠올려 봐. 체가 필요한 것만 남기고 걸러 내듯이, 숫자들을 걸러서 프라임수를 찾는 방식이지. 한번 보렴.

1	2	3	4	5	6	7	8	9	10
11	12	13	14	15	16	17	18	19	20
21	22	23	24	25	26	27	28	29	30
31	32	33	34	35	36	37	38	39	40
41	42	43	44	45	46	47	48	49	50
51	52	53	54	55	56	57	58	59	60
61	62	63	64	65	66	67	68	69	70
71	72	73	74	75	76	77	78	79	80
81	82	83	84	85	86	87	88	89	90
91	92	93	94	95	96	97	98	99	100

깨봉 우선 1은 프라임수가 아니니까 지우고, 2는 프라임수니까 표시해. 그 다음엔 2를 복제해서 만들어지는 모든 수를 지우는 거야. 마치 체로 거르듯이!

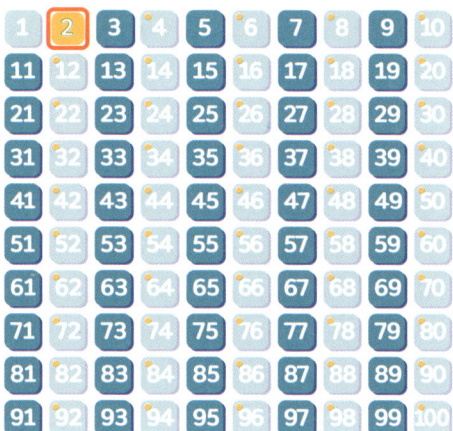

주원 벌써 반이나 지워졌네요. 2를 복제해서 만드는 수는 2로 나눠질 테니까 프라임수가 될 수 없는 거죠?

깨봉 맞아. 다음으로, 3도 프라임수니까 표시해 두고 같은 과정을 반복하는 거야. 3을 복제해서 만들어지는 수를 모두 지워 보렴.

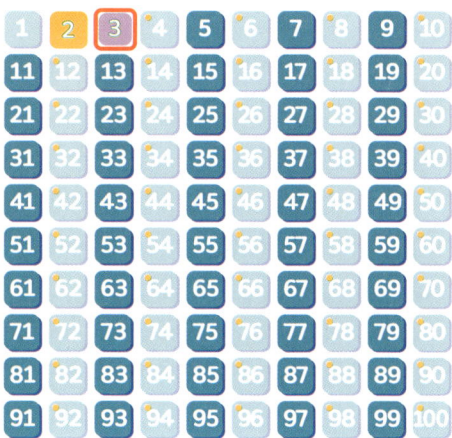

주원 대각선 같은 모양으로 지워지는데요?

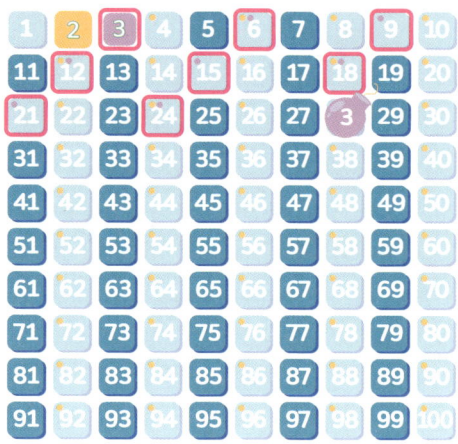

깨봉 훌륭한 관찰이야. 네 말대로 3의 배수들은 왼쪽 대각선으로 내려가며 지워지지. 이유를 생각해 볼까? 9는 3의 배수고 9를 더하는 건 10을 더한 후 1을 빼는 것과 같잖아? 그런데 각 줄에 숫자가 10개씩 있으니까, 1칸 내려가고 1칸 왼쪽으로 가는 게 반복되지. 그래서 왼쪽 아래로 향하는 대각선 형태가 돼.

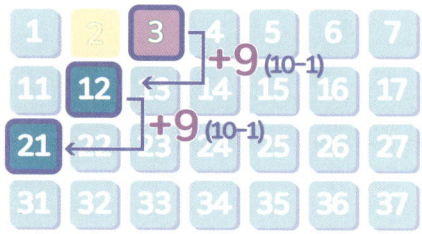

주원 그렇겠네요. 남은 3의 배수를 전부 지우면 이렇게 돼요!

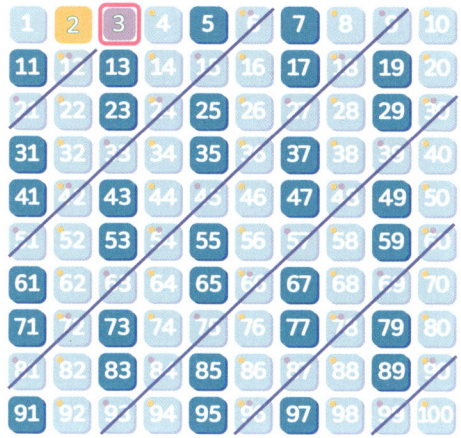

깨봉 잘했어. 다음 프라임수는 5겠지? 5의 배수도 지워 봐.

주원 5의 배수는 5에서 아래쪽으로 쭉 지우고, 10에서 아래쪽으로 쭉 지우면 돼요.

깨봉 좋아. 7도 해 보자.

주원 7은 조금 복잡한데… 하나씩 지워 보면 이렇게 돼요.

깨봉 좋아. 더 해 볼래?

주원 네. 그럼 다음 프라임수는 11이고… 어? 11의 배수는 이미 다 지워져 있어요. 그럼 다음은 13인데….

깨봉 하하, 거기까지만 하면 충분하다. 사실 11부터는 할 필요가 없어. 남은 수는 이미 몽땅 프라임수거든.

주원 어떻게 그렇게 돼요?

깨봉 예를 들어서, 11로 만들어지는 수는 11을 제외하면 2×11, 3×11, 4×11, … 같은 수지? 그런데 이런 수들은 2, 3, 5, 7로 만들어지는 수를 지울 때 2×11, 3×11, 5×11, 7×11로 이미 모두 지워졌어. 9×11까지는 이미 앞에서 다 지워진 거지. 그다음 11의 배수는 10×11인데, 어차피 2의 배수기도 하고 100을 넘어가니 우리가 쓴 수 중에는 더 이상 지울 것이 없지.

주원 11 × 11이라면 아직 안 지워지고 남아 있을 텐데, 100보다 크니까 지금은 의미가 없네요. 그럼 11보다 큰 수들도 마찬가지인 거예요?

깨봉 맞아. 그래서 지금 남아 있는 수들 모두가 프라임수야.

주원 이렇게 놓고 보니 규칙이 있는 것 같기도 하고 없는 것 같기도 하네요.

깨봉 수학자들은 수백 년 동안 프라임수의 규칙을 찾기 위해 노력해 왔어. 대부분은 실패로 돌아갔지. 하지만 성과가 아주 없었던 것은 아니란다. 리만 가설이 그 성과의 일부야. 아직 누구도 그 가설을 증명하지 못해서 완벽한 성과라고는 할 수 없지만….

주원 그래서 아저씨도 리만 가설을 증명하는 게 꿈이었던 거예요?

깨봉 그래, 맞아. 너무 어려워서 결국 포기했지만. 하하….

주원 아저씨도 포기할 정도면 엄청 어렵긴 한가 봐요.

깨봉 음, 맞아. 엄청 어렵지…. 오늘은 이만하는 게 좋겠는데, 괜찮을까?

주원 네… 또 올게요.

놀이터를 나오는 척하며 슬쩍 돌아보니 아저씨가 둥글둥글한 모양의 무언가를 만들고 있었다. 설마 저거 폭탄 같은 건 아니겠지? 아저씨가 조금 많이 수상하고 특이하고 별난 사람이긴 하지만… 에이, 아닐 거야.

 동영상으로 다시 볼까요?

아홉째 날
약수의 개수

주원 아저씨, 요새 만드는 게 뭐예요? 무슨 둥글둥글하게 생긴 걸 봤는데….

깨봉 하하하하! 봤구나! 이 몸의 위대함을 널리 알릴 작품을 만들고 있단다! 궁금하지?

주원 아저씨가 말하기 싫으면 말고요.

깨봉 하하하! 나중에 알게 될 거다. 대신에 오늘은 오랜만에 약수를 관찰해 보자. 복습도 할 겸, 12의 약수를 모두 구해 봐.

주원 서로 쌍을 이루게 찾으면 이렇게 돼요.

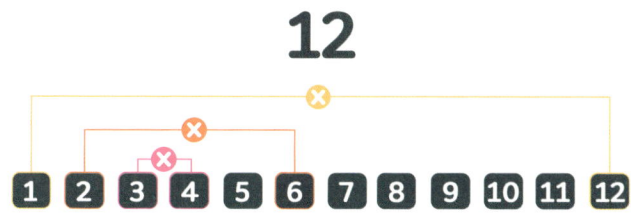

주원 그러니까 12의 약수는 (1,12), (2,6), (3,4) 이렇게 3쌍, 6개. 맞죠?

깨봉 좋아. 약수에는 쌍이 있기 때문에, 다른 말로 해서 '짝'이 있기 때문에 보통 약수의 개수는 짝수지. 이번에는 36의 약수를 모두 구해 봐.

주원 36의 약수도 서로 쌍을 이루게 찾으면 이렇게 돼요. 그런데 6은 쌍이 없네요?

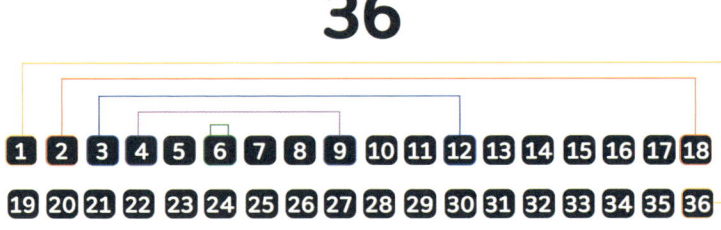

깨봉 6은 자기 자신과 곱해져서 36을 만들기 때문에 쌍이 없지. 마찬가지로 5×5=25나 4×4=16처럼 같은 수를 2번 곱해서 만든 수는 전부 쌍을 이루지 않는 약수를 갖게 돼. 그래서 16, 25, 36 같은 수는 약수의 개수가 홀수란다. 짝을 이루지 못하는 약수를 하나 가지고 있으니까. 거꾸로 생각해 볼 수도 있어. 만약 어떤 수의 약수 개수가 홀수면 짝을 이루지 못하는 약수가 있다는 뜻이니까, 16, 25, 36처럼 같은 수를 2번 곱해 만든 수라는 걸 알 수 있지.

주원 생각해 본 적 없는 부분이네요.

깨봉 수학에서는 한 가지를 알면 다른 여러 사실들을 자연스레 알게 되는 경우가 많아. 그래서 재미있지. 하나를 알면 외우지 않아도 열을 알 수 있는 거니까! 그럼 이제 90000의 약수의 개수를 구해 볼까?

주원 90000이면… 이건 너무 많을 것 같아요. 쌍을 이루게 찾아 봐도 꽤 오래 걸릴 것 같은데요.

깨봉 역시 좀 그렇지? 그래서 이번엔 약수의 개수를 구하는, 조금 더 효율적인 방법을 알아볼 거야. DNA를 활용하는 방법이지.

주원 DNA로요? 어떻게요?

깨봉 간단하게 30으로 먼저 약수의 개수를 따져 보자. 30을 복제코드 DNA로 표현하면 어떻게 되지?

주원 $30 = 2 \times 3 \times 5$예요.

깨봉 그럼 30은 2, 3, 5로 복제되어 만들어진 수라는 걸 알 수 있지. 그래서 $2 \times 3 \times 5$라는 30의 복제코드 중 일부만 꺼내면 30의 약수를 만들 수 있어. 예를 들어, 2와 3만 꺼내면 $2 \times 3 = 6$이라는 약수가 만들어지지.

주원 일부만 꺼낸다는 게 좀 어려운 얘기 같아요.

깨봉 차근차근 볼까? 30의 DNA 중 일부만 꺼낸 2×3을 5배로 복제하면 30이 되지. 3×5를 2배로 복제하면 또 30이 되고. 또, 2를 3×5배로 복제하면 30이 돼. 이렇게 30의 DNA에서 일부만 꺼내서 수를 만들면 당연히 30의 약수가 될 수밖에 없어. 왜냐하면 30의 DNA의 일부를 꺼내어 만든 수는 30을 만드는 중간 과정에 있는 거니까. 최종 결과물인 30을 만들어 가는 중간 과정.

주원 조금 알 것도 같고….

개봉 다시 정리해 볼게. 2×3×5 중에 일부를 꺼내어 만든 수를 차례대로 써 보는 거야.

주원 아! DNA 중 1개만 꺼낸 것, 2개를 꺼내 만든 것, 3개를 다 꺼낸 2×3×5=30까지, 차례대로 쓰면 이렇게 되네요. 얘네들이 30의 약수인 거죠.

개봉 맞기도 하고 틀리기도 해. 하나가 빠졌거든. 바로 '아무것도 꺼내지 않은' 경우야. 아무것도 꺼내지 않으면 어떤 수가 만들어질까?

주원 아무것도 꺼내지 않으면… 0?

개봉 아무것도 꺼내지 않았다는 건 복제를 한 번도 하지 않았다는 말이지. 복제를 한 번도 하지 않았으니까 복제의 원본이 그대로 남아 있게 되고. 복제의 원본이 뭐였지?

주원 1이요! 그럼 아무것도 꺼내지 않으면 1이 되는 거예요?

깨봉 맞아. 아무것도 꺼내지 않은 상황까지 따져 보면 이렇게 정리되지. 조금 더 효율적으로 세 보자. $30 = 2 \times 3 \times 5$의 약수는 2, 3, 5 중 일부를 꺼내어 만든 수니까,

2, 3, 5를 각각 꺼내는지 꺼내지 않는지에 따라 서로 다른 약수가 생겨. 이 상황을 가지치기 그림으로 표현해 보자. 가지치기 그림은 알고 있지? 꺼내지 않는 경우를 위, 꺼내는 경우를 아래로 그려 나갈 거야. 먼저 2를 꺼내는 경우가 있고 꺼내지 않는 경우가 있겠지. 들어가지 않는 경우는 0이 아니라 1이라는 걸 다시 한 번 기억해 두렴. 복제의 원본은 1이라는 걸.

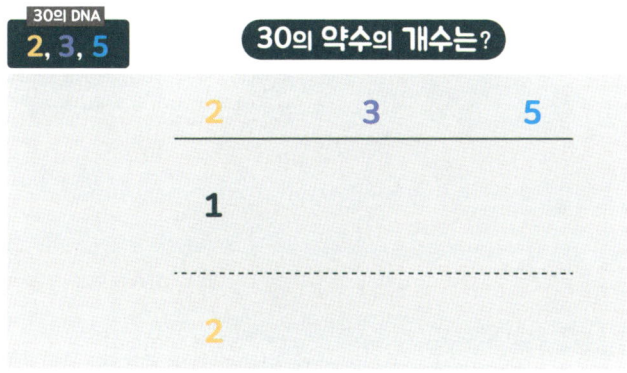

깨봉 그다음은, 위와 아래 경우마다 각각 3을 꺼내거나 꺼내지 않는 경우가 있을 거고.

깨봉 또, 각각의 경우마다 5를 꺼내거나 꺼내지 않는 경우가 있겠지?

깨봉 이 가지치기 그림에서 보면, 제일 윗줄이 아무것도 꺼내지 않아 1이고 제일 아랫줄은 모두 꺼내서 30이 돼.

깨봉 그리고 여기서 하나씩 세지 않아도 약수의 개수를 알 수 있지. 각각의 경우에서 계속 2가지 방향으로 뻗어 나갔으니까 $2 \times 2 \times 2 = 8$개가 되거든.

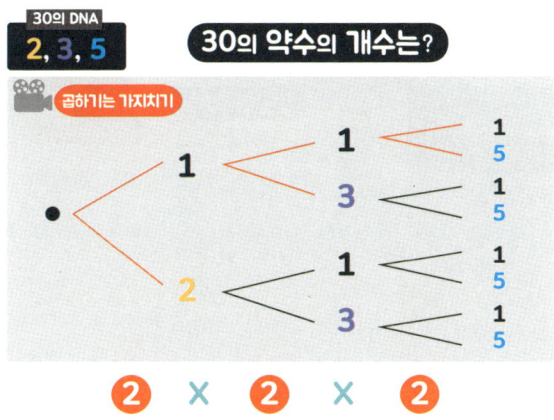

주원 이렇게 세니까 효율적이네요. 개수를 알기 위해서 일일이 약수를 구할 필요가 없어요.

깨봉 그럼 이제 90000의 약수 개수를 구할 수 있을 것 같구나.

주원 해 볼게요! 90000을 DNA로 나타내면… 어… 같은 수가 여러 개씩 있으니까 조금 헷갈려요.

개봉 복제코드에 3이 2개 있지? 3의 입장에서 먼저 생각해 보자. 그러면 3을 0개, 1개 또는 2개 꺼낼 수 있으니까 3가지의 경우가 생긴단다. 여기서부터 다시 시작해 보렴.

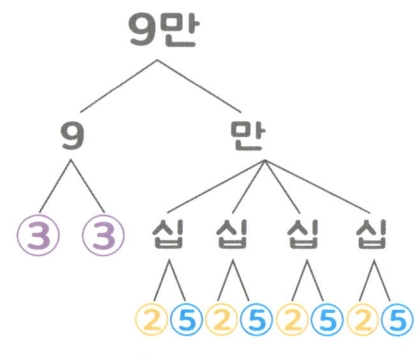

주원 그럼 2의 입장에서 보면, 0개, 1개, 2개, 3개, 4개 꺼낼 수 있으니 경우는 5가지, 그리고 5의 입장에서도 0개부터 4개까지 꺼낼 수 있으니 경우는 5가지예요.

9만의 약수의 개수는?

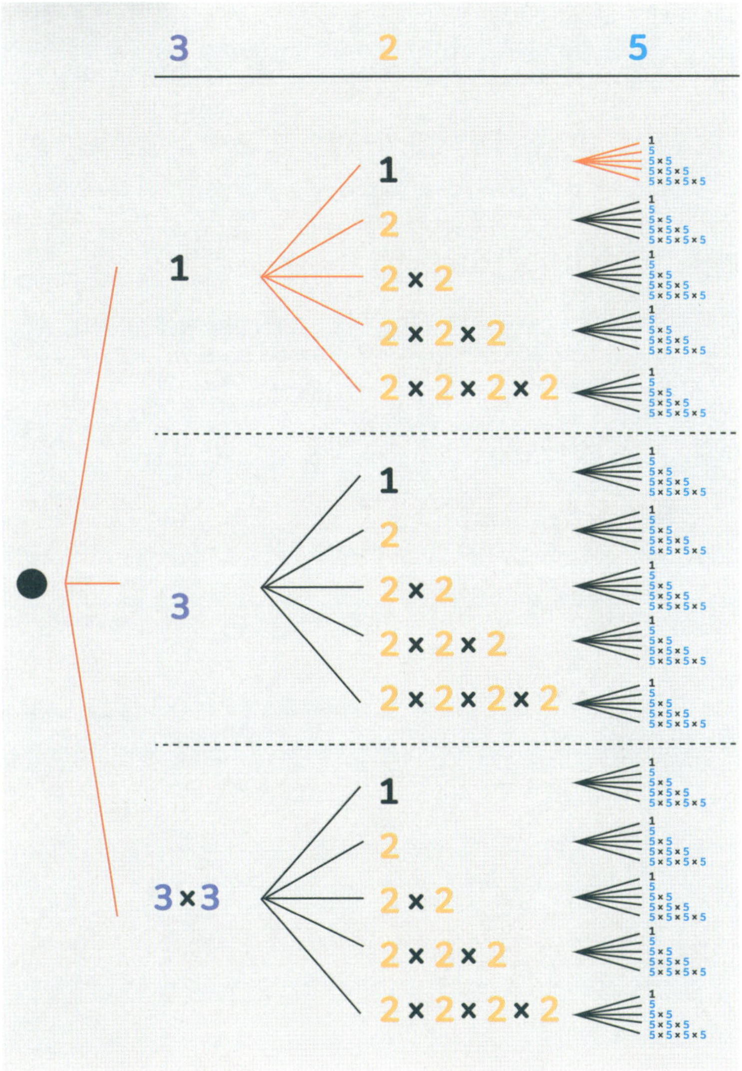

3 × 5 × 5

주원 그래서 90000의 모든 약수의 개수는 3 × 5 × 5 = 75개예요!

깨봉 좋아! 훌륭하다. 이 정도면 이제 나 없이도 잘할 수 있겠는데? 하하하하하!

주원 사실 저도 제가 수학을 좀 하는 것 같은 기분이 들어요, 헤헤. 그런데 아저씨 어디 가세요? 꼭 곧 떠날 사람처럼 말하네요.

깨봉 흠흠! 떠나다니, 내가 어딜 간다고?

주원 아니에요, 그냥…. 그러고 보니 고맙다는 말도 한 번도 안 했어요. 매번 가르쳐 주셔서 고맙습니다~

깨봉 하하하하! 어려움에 처한 사람을 돕는 건 나같이 멋진 사람들이 즐겨 하는 일이지. 하하!

열째 날
100만은 15로 나눠떨어질까?

> 놀이터로 향하는 길, 가까이 갈수록 이상한 소리가 들렸다. 꼭 화가 난 돼지가 소리를 지르는 것 같은…. 지나가던 사람들도 무슨 소린가 하고 기웃거리고 있었다.

깨봉 야~ 야으야아~ 내 나이히가 어때흐서~ 수학! 하기 딱! 조흐은~ 나이이인데~

주원 으! 아저씨! 여기서 더 노래하면 경찰에 신고당해요! 저쪽 길에 코인노래방도 있는데 왜 여기서 이러고 있어요?

깨봉 끄응… 역시 나의 음악성을 아무도 몰라주는 건가!

주원 한 음으로 계속 소리만 지르던데 무슨 음악성이에요.

깨봉 오늘은 아주 매정하구나! 어쩔 수 없지, 네가 싫다니까 노래는 네가 간 후에 다시 부르도록 하마.

주원 네, 감사해요.

깨봉 그럼 늘 하듯이 수학 얘기나 할까? 오늘은 DNA를 이용해서 100만(1000000)이 15로 나눠떨어지는지를 알아볼 거야.

주원 다른 말로 하면 15가 100만의 약수인지 관찰하는 거네요?

깨봉 오, 아주 훌륭한 얘기야. 또 다르게 말하면 15를 복제해서 100만을 만들 수 있는지 관찰하는 것이기도 해.

주원 그래서 DNA를 이용하는 거예요? DNA가 복제의 방법을 알려 주니까.

깨봉 그렇단다. 그럼 직접 100만과 15의 DNA를 구해 보렴.

주원 백만(100만)은 백 × 만이고…. 십(10) = 2 × 5니까 이걸로 백만의 DNA를 나타낼 수 있어요. 15는 3 × 5고요.

깨봉 15가 100만의 약수라면, 100만의 DNA는 15의 DNA를 모두 가지고 있어야겠지? 그래야 15로 100만을 만들 수 있을 테니까.

주원 그런데 100만의 DNA에는 3이 없어요. 그러니까 100만은 15로 나눠떨어지지 않겠네요.

깨봉 맞아. 마찬가지로 십진수의 모든 단위들은 다 15로 나눠 떨어지지 않는단다. 십, 백, 천, 만 같은 수들 전부.

주원 아까처럼, 십, 백, 천 같은 수들의 DNA에는 2와 5밖에 없는데 15의 DNA에는 3이 있기 때문이군요.

깨봉 3뿐만 아니라 2와 5를 제외한 다른 프라임수를 DNA로 가진 수로는 전부 나눠 떨어지지 않지.

개봉 오늘처럼 수의 복제코드 DNA를 이용하면 복잡해 보이는 문제도 쉽게 해결할 수 있어. 또, DNA를 활용할 수 있는 곳은 굉장히 무궁무진하지. 앞으로는 DNA를 이용해서 두 수의 관계를 관찰해 볼 거야. 아주 재미있을 테니 맘껏 기대하렴!

주원 어? 오늘은 벌써 끝이에요? 그럼 전 갈 테니까, 아저씨는 꼭 노래방에 가세요!

열한째 날
케이크 자르기 Ⅰ, 최소공배수

주원 웬 케이크예요?

깨봉 이따가 친구들이 오기로 했거든. 몇 명이 올지는 확실히 모르지만…. 2명은 확실히 오겠다고 했고, 1명은 올 수도 있고 안 올 수도 있다고 하더라고.

주원 어쨌든 2명 아니면 3명이 온다는 거네요.

깨봉 응, 맞아. 그래서 케이크를 미리 잘라 두려던 참이었지. 몇 명이 오든 똑같이 나눠줄 수 있게 자르는 게 포인트야.

주원 그냥 손님이 다 온 다음에 자르면 안 돼요?

깨봉 무슨 소리! 이 몸은 언제나 모든 것을 철저하게 준비한다고! 흠흠, 그리고 사실 이게 아주 재미있는 문제기도 하거든. 그 재미를 놓칠 수는 없지. 너도 동참해라!

주원 수학 문제인가 보네요.

깨봉 하하하! 그럼 물론이지! 한번 같이 생각해 보자. 2명이 오든 3명이 오든

케이크를 똑같이 나눠 주려면, 케이크를 모두 몇 조각으로 잘라야 할까?

주원 2조각으로 자르면 3명한테 똑같이 줄 수가 없고, 3조각으로 자르면 2명한테 똑같이 줄 수가 없어요.

깨봉 조금 더 생각해 봐. 생각을 계속 하다 보면 방법을 찾을 수 있을 거야.

주원 음… 아! 그려 볼게요. 이렇게 잘라 두고 2명이 오면 가로 1줄씩, 그러니까 3조각씩 주는 거예요. 3명이 오면 세로 1줄씩 해서 2조각씩 주고요.

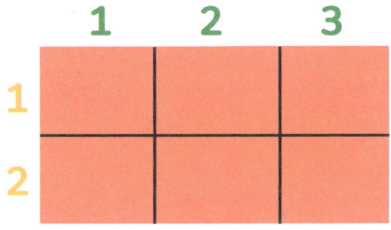

깨봉 하하하! 아주 잘 찾아 냈구나. 조금 다른 방법으로도 생각해 보자. 케이크를 2명에게 나눠 주려면 몇 조각으로 잘라야 하지?

주원 2명이면 당연히 2조각이죠.

깨봉 꼭 2조각으로 잘라야 하는 건 아니야. 4조각으로 잘라도 되고 6조각으로 잘라도 되지. 그래도 2명에게 똑같이 나눠 줄 수 있으니까. 그렇지?

주원 2명에게 나눠 주려면 케이크를 2의 배수 조각으로 자르면 되는 거네요. 2조각보다 여러 조각으로 나누는 건 좀 효율적이지 않은 것 같지만….

깨봉 하하, 조금 참고 들어 봐. 이번엔 3명인 경우를 생각해 보자. 3명에게 나눠 주려면 몇 조각으로 잘라야 할까?

주원 이제 이건 쉽죠. 3, 6, 9와 같은 3의 배수 조각으로 자르면 돼요.

깨봉 좋아. 그러면 다시 처음의 문제로 돌아가 볼게. 2명이 올지, 3명이 올지 모르는 상황에서는 케이크를 몇 조각으로 잘라야 할까?

주원 2명에게도 나눠 줄 수 있어야 하고 3명에게도 나눠 줄 수 있어야 하니까… 2의 배수도 되고 3의 배수도 되는 수만큼 조각을 내야 해요. 그럼 6조각이죠. 6은 2의 배수기도 하고 3의 배수기도 하니까요.

깨봉 이번엔 수식으로 볼까? 2명에게 똑같이 나눠 줄 경우, 전체 개수의 DNA에는 2가 있어야 하겠지? 3명에게 똑같이 나눠 줄 경우, 전체 개수의 DNA에는 3이 있어야 하

고. 그러니까 2명에게든 3명에게든 똑같이 나눠 주려면 전체 개수의 DNA에는 2와 3이 모두 있어야 해.

주원 그래서 전체 개수는 6의 배수여야 하는 거네요!

개봉 맞아. 6의 배수면 6조각, 12조각, 18조각 등이 전부 가능해. 그런데 조각을 너무 많이 내면 아까 네 말대로 효율적이지가 않으니까, 가장 간단하게 6조각으로 자르는 게 좋겠지.

주원 히힛, 제가 괜히 효율 어쩌고저쩌고 말한 게 아니라고요~

개봉 암! 내 수제자의 말은 한마디 한마디가 대단하지! 하하하! 자, 이렇게 2의 배수면서 3의 배수인 수를 '공통된 배수'라는 뜻에서 2와 3의 **공배수**라고 부른다는 걸 알아 두렴. 6, 12, 18 같은 수가 2와 3의 공배수인 거야. 그리고 공배수 중에서 가장 작은 수를 **최소공배수**라고 부른단다. 말 그대로 '최소'인 '공배수'라는 뜻이지. 공배수들 중에 가장 작은 수.

주원 그럼 2와 3의 최소공배수는 6이겠네요. 가장 작으니까요. 최대공배수는 없어요?

개봉 좋은 질문이야. 하지만 '공배수 중에 가장 큰 수'라는 건 없어. 공배수는 배수처럼 무한히 만들어 낼 수 있기 때문이란다.

주원 계속 복제하면 계속 커지니까 최대공배수는 있을 수가 없군요.

개봉 또, 모든 공배수들은 최소공배수로 만들어 낼 수 있어. 공배수는 최소공배수의 배수라는 얘기야. 6, 12, 18…을 떠올려 봐. 2와 3의 공배수는 2와 3의 최소공배수인 6의 배수들이지. 자, 그럼 이제 케이크를 잘라 볼까?

주원 제가 잘라 드릴게요! 그런데 아저씨는 케이크 안 드세요? 아저씨까지 나눠 먹으려면 3명이나 4명으로 계산했어야 되는 거 아니에요? 어떡하죠? 이미 잘랐는데.

개봉 하하하! 내가 나를 빼고 생각했구나! 하하하하! 이런 사소한 실수 덕분에 위대한 이 몸이 인간적으로 보이곤 하지! 걱정 말거라! 케이크 높이를 반으로 자르면 12조각이 되니, 3명 혹은 4명이 똑같이 나눠 먹을 수 있단다!

주원 제가 안 알려 줬으면 아저씨 케이크 못 먹었을지도 몰라요. 어쨌든 친구들이랑 맛있게 드세요~

열두째 날
케이크 자르기 Ⅱ, 최대공약수

주원 아저씨, 케이크 잘 드셨어요?

깨봉 하하하! 네가 잘라 줘서 아주 잘 먹었단다. 엄청 잘 잘랐던데?

주원 당연하죠~ 수학 빼고는 다 꽤 잘하거든요~

깨봉 스스로 수학을 못한다고 생각하지 마라. 넌 내 수제자니까! 역시 케이크를 사 오길 잘 했구나.

주원 오늘도 친구들이 와요?

깨봉 오늘은 너와 먹으려고 하나 샀단다. 비록 전 재산을 털었지만 괜찮다! 하하하하!

주원 왜 자꾸 전 재산을 털었다고 해요? 아저씨는 과장이 너무 심해요.

깨봉 하하하! 케이크를 그냥 먹으면 재미없으니, 우선 저번처럼 상황에 맞게 잘라 보자. 자, 만약 손님이 4명 또는 6명이 온다면 케이크를 어떻게 자르면 좋을까?

주원 4와 6의 공배수만큼 조각을 내야 하니까, 12조각으로 자르면 돼요.

깨봉 좋아. 그러면 어떻게 자르는 게 좋을까?

주원 어떻게 자르다니요?

깨봉 어떻게 자르는지도 꽤 재미있는 문제야. 가장 효율적으로 자르려면 어떻게 잘라야 할까? 4와 6이라는 수를 놓고 생각해 봐.

주원 잘 모르겠어요. 특별한 방법이 있는 거예요?

깨봉 먼저 높이를 1번 자르고, 가로, 세로로 각각 2번, 1번 자르는 게 가장 효율적이지.

주원 칼질 4번으로 다 잘랐네요.

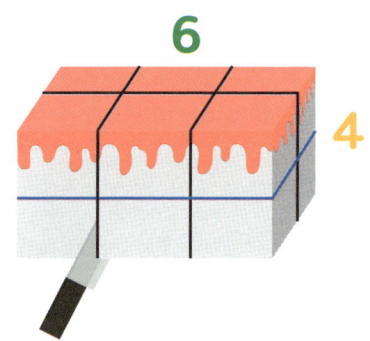

깨봉 먼저 높이를 1번 잘라서 2줄로 만들어 놓으면, 세로를 굳이 4줄로 자를 필요가 없지. 세로를 1번만 잘라서 2줄로 만들면 전체 조각 수가 4의 배수가 되니까. 이해했니?

주원 알 것 같아요. 가로도 굳이 6줄로 자를 필요가 없는 거죠? 2번 잘라서 3줄로 만들면 전체 조각 수가 6의 배수가 돼요.

깨봉 그러면 여기서 높이를 1번 잘라야 한다는 건, 즉 높이를 2줄로 우선 만들어야 한다는 건 어떻게 알 수 있을까?

주원 2줄로 잘라 놓고 시작하면 전체 조각 수를 4의 배수와 6의 배수로 만들기가 쉬워지니까요. 2를 복제하면 4를 만들 수도, 6을 만들 수도 있어요.

깨봉 그렇지. 4와 6의 공배수를 만들어야 하니까 4와 6을 만들 수 있는 수로 미리 잘라 놓으면 편해지는 거야. 4와 6 각각의 약수 중에 공통된 약수를 이용하는 거지. 이렇게 4와 6의 '공통된 약수'를 4와 6의 **공약수**라고 부른단다. 공통된 배수를 공배수로 부르는 것과 마찬가지야.

주원 그러면 최소공배수라는 이름처럼, 공약수 중에서 가장 작은 수도 최소공약수라고 불러요?

깨봉 굳이 그러지는 않아. 공약수 중에 가장 작은 수는 당연히 1이니까. 대신 '공약수 중에서 가장 큰 수'를 **최대공약수**라고 불러. 4와 6의 최대공약수는 2가 되지.

주원 공배수에는 최소공배수, 공약수에는 최대공약수가 있네요.

깨봉 공배수들 중 가장 중요한 수가 최소공배수였지? 최소공배수가 모든 공배수를 만들어 내는 수니까. 마찬가지로 공약수들 중에서는 최대공약수가 가장 중요해. 그 이유를 한번 알아보자. 자, 이번에는 케이크를 12명 또는 20명에게 나눠 주려고 해. 어떻게 잘라야 할 것 같니?

주원 12와 20의 공배수 조각을 내야 하니까 12와 20을 둘 다 만들어 낼 수 있는 수, 공약수를 찾고…. 먼저 높이를 2줄로… 음, 아니, 4줄로 잘라 두면 될 것 같은데요.

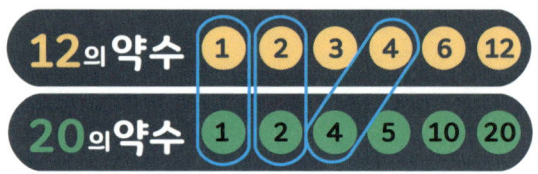

깨봉 잘 모르겠으면 두 경우 다 생각해 봐.

주원 높이를 먼저 2줄로 잘라 두면 세로 6줄, 가로 10줄로 잘라야 하고, 높이를 4줄로 잘라 두면 세로 3줄, 가로 5줄로 잘라야 해요.

깨봉 어느 쪽이 더 효율적이지?

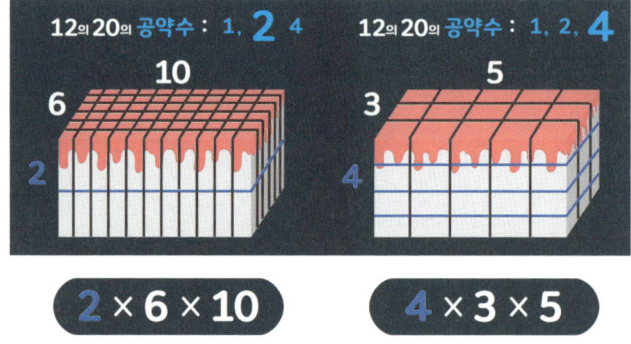

주원 높이를 먼저 4줄로 자르는 쪽이요. 세로와 가로를 훨씬 더 적게 잘라도 돼요.

깨봉 그리고 전체 조각 수도 더 적어진단다. 높이를 2줄로 자르는 경우는 전체 조각이 2 × 6 × 10 = 120개가 되고, 높이를 4줄로 자르는 경우는 전체 조각이 4 × 3 × 5 = 60개가 돼. 조각은 가능하면 적게 만드는 게 효율적이고 좋겠지?

주원 그래서 12와 20의 최대공약수인 4를 이용해서 높이를 4줄로 잘라야 한다는 말이죠?

개봉 맞아. 최대공약수는 두 수를 가장 빠르게 만들 수 있는 수거든. 다른 수로는 3배와 5배보다 더 많이 복제해야 12와 20을 만들 수 있어. 최소공배수와 최대공약수에 대해서는 얘기할 게 많단다. 조금씩 알아 가다 보면 공배수와 공약수를 정복할 수 있을 거야. 그럼 오늘은 이쯤 하고, 이제 케이크나 먹자! 치즈 케이크로 사왔지!

주원 우리는 2명이니까 복잡할 것 없어 좋네요. 제가 자를게요!

동영상으로 다시 볼까요?

열섯째 날
최대공약수, 최소공배수 그리고 DNA

깨봉 오늘은 일찍 왔네?

주원 학교가 일찍 끝났어요. 공약수와 공배수에 대해 듣고 싶기도 하고요.

깨봉 하하하! 너도 이제 수학을 사랑하게 된 게로구나! 하하하하하!

주원 음, 뭐… 그런 거 같기도 하고… 그래도 사랑은 좀 아닌 거 같은데….

깨봉 하하! 좋다, 좋아. 최대공약수가 뭐였는지부터 다시 시작해 볼까?

주원 최대공약수는 두 수의 공약수 중에서 가장 큰 수예요.

깨봉 그리고 동시에 두 수를 가장 효율적으로 만들어 내는 수지. 예를 들어, 12와 20의 공약수는 1, 2, 4지. 1, 2, 4 모두 12와 20을 만들어 낼 수 있어. 그런데 1, 2보다는 4를 가지고 12와 20을 만드는 게 훨씬 빨라.

주원 공약수들 중에 가장 큰 4가 12와 20 둘을 가장 효율적으로 만들어 내는 거고요.

깨봉 그러면 두 수의 공통 배수 중에, 가장 효율적으로 만들어지는 수는 뭘까? 12와 20으로 생각해 보자. 이 둘의 공통 배수 중에 가장 효율적으로 만들어지는 수가 뭘까?

주원 12와 20의 공통 배수 중에 가장 효율적으로 만들어지는 수는… 60이에요. 12와 20의 최소공배수!

깨봉 그렇지! 두 수의 공통 배수 중 가장 효율적으로 만들어지는 수가 바로 최소공배수야. 가장 적게 복제해서 만들 수 있으니까.

주원 아! 최대공약수와 최소공배수 모두 가장 효율적인 복제와 관련이 있네요?

깨봉 맞아. 그래서 그 둘이 중요해. 가장 효율적인 것이 제일 중요한 법이거든. 그래서 케이크를 자를 때도 최소공배수와 최대공약수를 이용했던 거란다. 전체 개수는 최소공배수, 높이 자르기는 최대공약수를 통해 가장 효율적으로 자르는 방법을 찾은 거지. 이번엔 DNA와 공배수, 공약수를 연결시켜 보자. 먼저 12와 20을 DNA로 표현해 봐.

주원 12와 20을 DNA로 표현하면 이렇게 돼요.

깨봉 좋아. DNA로 약수를 구했던 것 기억나니?

주원 DNA에서 일부만 꺼내서 약수를 만들 수 있었어요.

깨봉 그 방법을 이용하면 12와 20의 공통된 약수, 즉 공약수도 DNA로 구할 수 있을 거야. 공통으로 들어 있는 DNA를 꺼내면 될 테니까.

주원 공통으로 들어 있는 DNA를 꺼내야 두 수를 다 만들 수 있으니까요?

깨봉 맞아. 공통으로 2를 2개씩 가지고 있으니까, 이 중에서 일부를 꺼내면 12와 20의 공약수들을 만들 수 있지.

주원 그러면 최대공약수는 공통으로 들어 있는 DNA를 전부 꺼내면 되겠네요? 최대공약수는 공약수들 중에 가장 큰 수니까요.

깨봉 하하하! 점점 스스로도 잘 깨우치는구나! 자, 그러면 이번에는 DNA로 공통 배수를 구해 보자. 12와 20의 공통 배수는 어떻게 구하면 될까? DNA로 생각해 봐.

주원 12와 20의 공배수는 12와 20의 DNA를 모두 가지고 있어야 해요. 그래야 12와 20 중에 어느 쪽으로도 만들어질 수 있을 테니까요. 그러니까 12와 20의 공배수는 DNA에 2, 2, 3, 5를 가지고 있어야 해요. 이 중에 하나라도 빠지면 12로 만들어지지 않거나 20으로 만들어지지 않을 거예요.

깨봉 그래서 12와 20의 최소공배수가 2 × 2 × 3 × 5가 되는 거야. 12와 20의 공배수라면 DNA를 최소한 이만큼 가지고 있어야 하니까. 이번엔 주머니 그림으로 살펴보자. 12와 20을 DNA로 표현하면 이렇게 돼.

깨봉 그중에서 공통으로 들어 있는 DNA를 모으면 이렇게 되지.

그렇게 만들어지는 수가 바로 최대공약수가 되고,

깨봉 두 주머니에 있는 전체 DNA로 만든 수가 바로 최소공배수가 되는 거야.

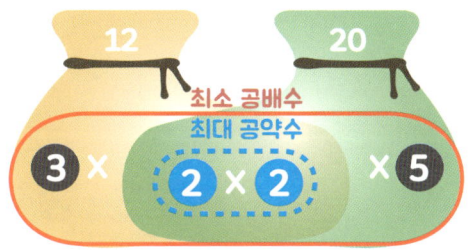

깨봉 그리고 이 그림을 통해 알 수 있는 사실이 한 가지 더 있지. 혹시 알 수 있겠니?

주원 음… 아니요. 새로운 사실이 있나요?

깨봉 바로 두 수의 곱은 두 수의 최대공약수와 최소공배수의 곱과 같다는 거야. 이 경우에서는 두 수의 곱 12×20과, 둘의 최대공약수 2×2=4와 최소공배수 3×2×2×5=60의 곱 4×60의 값이 같다는 뜻이지. 자, 이 그림을 줄 테니 왜 그런지는 한번 스스로 생각해 봐.

주원 끙, 설명해 주기 귀찮아서 그러는 거 같은데?

깨봉 귀찮다니! 다 너를 위한 거지, 암! 자기주도적 학습이 중요하다는 말 못 들어 봤어?

주원 그런 말은 엄청 많이 들었죠.

깨봉 크흠! 그리고 나와의 DNA 수업은 오늘이 마지막이다.

주원 네? 갑자기? 그게? 무슨?

깨봉 배울 내용은 이미 충분히 배웠어. 그리고 내가 해야 할 일이 생겼거든.

주원 아직 아무것도 모르는데…. 해야 할 일이 뭔데요?

깨봉 하하하! 나는 다시 꿈을 찾아 떠나기로 했다! 리만 가설을 향한 멋진 모험이지.

주원 아… 음, 아저씨 꿈이니까 잘되면 좋겠네요. 그런데 이렇게 갑자기 떠나요? 수학 얘기하는 게 모처럼 재밌었는데.

깨봉 하하하! 재미있어하는 거 다 알고 있었다! 그래서 내가 너를 위해 특별 제작한 수학 로봇이 있지! 봉보로~ 봉봉~ 깨봉!

깨봇 [안녕! 나는 수학 로봇 '깨봇'이야! 짱짱! 위대한 깨봉 박사님의 발명품이지! 만나서 반가워!]

주원 아저씨… 로봇을 대체 얼마나 세뇌한 거예요? 로봇이 불쌍해지는 건

처음이야….

깨봉 하하하하! 이 로봇은 거짓을 말하지 않는단다! 이 녀석이 앞으로 너에게 수학을 가르쳐 줄 거야. 수학 얘기를 하고 싶을 때는 깨봇한테 '봉보로~ 봉봉~ 깨봉!' 이라고 말을 걸면 된다! 하하하!

주원 그 괴상한 걸 꼭 말해야 하는 건가요.

깨봉 괴상하다니! 아주 멋진 주문이지. 너도 곧 입에 붙을 거다! 이 주문이 없으면 깨봇은 작동하지 않거든. 하하하하하!

주원 어쨌든 고마워요. 이런 로봇까지 선물해 주다니 좀 놀랐어요.

깨봉 하하하! 남을 위하는 마음은 위대한 자의 필수 덕목이지! 그럼 난 이만 가 봐야겠다. 다시 만날 때까지 깨봇과 재미있게 지내고 있거라! 하하하하하하하하하!

아저씨는 말을 마치자마자 바람같이 사라졌다. 그동안 아저씨와 보냈던 시간들이 주마등처럼 스쳐 갔다. 배수와 약수, 수의 복제 코드 DNA, 가장 효율적인 복제, 프라임수, 최소공배수와 최대공약수… 그리고 아저씨의 그 이상한 웃음소리와 잘난 척까지. 한동안 깨봇과 나란히 놀이터 벤치에 앉아 바람에 흔들리는 벚꽃을 바라보았다. 활짝 핀 벚꽃이 나뭇가지에서 벗어나려는 듯 힘차게 몸을 흔들고 있었다.

2장
분수

주원 봉보로~ 봉봉~ 깨봉!

깨봇 삐비빅- 깨봇 작동! 안녕? 수학 얘기 하고 싶어서 불렀어?

주원 으응. 그런데 이 이상한 주문은 꼭 외워야 하는 거야? 너 전원이 꺼져 있던 것도 아니잖아. 그냥 수학 얘기 하자고 말하면 안 되는 건지….

깨봇 물론이야! 너의 말만 듣고는 정말로 수학 얘기를 하고 싶은 건지 확신할 수가 없거든~ 그래서 깨봉 박사님이 주문을 만든 거야. 네가 정말 수학 얘기를 하고 싶을 때 신호로 쓸 수 있도록!

주원 끙… 그럼 주문이라도 좀 바꿔 줘. "봉보로~ 봉봉~ 깨봉!" 같은 거 말고 다른 걸로….

깨봇 삐비빅- 깨봇 작동! 안녕? 수학 얘기 하고 싶어서 불렀어? 주문을 바꾸려면 박사님이 직접 나를 고쳐 줘야 해~ 아쉽지만 지금은 바꿀 수 없어!

주원 에휴, 로봇이라 그런가 융통성이 전혀 없네. 그래, 그럼 수학 얘기나 해 줘.

깨봇 분수에 대해 얘기해 보는 게 어때? 어려운 수학을 쉽게 만들어 주기 위해 태어난 분수!

주원 분수가 수학을 쉽게 만들어 주기 위해 태어났다고? 분수가 수학을 어렵게 만드는 게 아니고?

> 첫째 날
> **분수가 이렇게 쉬울 수가?!**

깨봇 자! 이제 시작이야~ 15÷3의 의미는 뭘까?

주원 15÷3은 5지.

깨봇 왜?

주원 음… 15÷3은 그냥 5지. 무슨 이유가 있어?

깨봇 물론이지~ 15÷3은 15를 3으로 나누라는 뜻이야!

주원 뭐야, 당연한 말이잖아.

깨봇 맞아! 수학은 원래 당연한 말을 모아 놓은 거거든~ 그런데 15를 3으로 나누는 것을 구체적으로 설명하는 데는 여러 가지 방법이 있어.

주원 여러 가지 방법? 뭔데?

깨봇 우선 15÷3은 '15개를 3명에게 나눠 주면 1명당 몇 개를 받을 수 있는지'의 문제로 생각할 수 있어. 15개를 3명에게 나눠 주면 1명당 5개를 받

을 수 있으니까 15÷3은 5가 되지! 그리고 15÷3 은 '15가 3의 몇 배인지'를 따져 보는 것이라고도 생각할 수 있어.

주원 '몇 배?'의 방법으로 보면 15는 3의 5배인 거고?

깨봇 응! 굉장히 중요한 뜻이야. 나누기를 '몇 배?'로 생각할 수 있게 되면 굉장히 편해지거든. 자~ 그럼 6÷3은 뭘까?

주원 6개를 3명에게 나눠 주면 1명당 2개씩 받을 수 있으니까 6÷3은 2야.

깨봇 잘했어~ '몇 배'로도 생각해 보면 6은 3의 2배니까 6÷3 은 2라고 할 수도 있지. 하나 더 해 보자! 3÷3은 뭘까?

주원 3개를 3명에게 나눠 주면 1명당 1개씩 받을 수 있으니까 3÷3은 1이야. 그리고 3은 3의 1배니까 3÷3=1이라고 할 수도 있고.

깨봇 좋았어! 이번엔 2÷3을 해 보자.

주원 2개를 3명에게 나눠 주면… 1명이 1개도 못 받네. 그냥은 나눠 줄 수 없으니까 잘 쪼개서 나눠 줘야 될 것 같아.

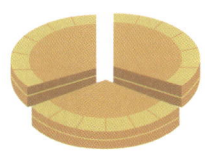

깨봇 바로 이렇게 쪼개서 주면 되겠지~

깨봇 이런 걸 수로 쓸 때 필요한 게 바로 **분수**야! $2 \div 3$은 $\frac{2}{3}$라고 쓰면 돼. 나누기 기호 앞에 있는 수를 위로, 나누기 뒤에 있는 수를 밑으로 보내는 거야. 어려운 나누기 계산도 계산 없이 편하게 나타낼 수 있도록 해 줘~

주원 굉장히 간단하네? 너무 간단해서 수상해.

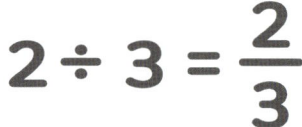

깨봇 처음에는 잘 와닿지 않을 수도 있지만, 나와 얘기하다 보면 점점 익숙해질 거야!

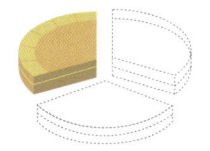

주원 그러면 다행이고~

깨봇 좋았어! 그럼 오늘은 여기까지 하자~ 그리고 다음부터는 본격적으로 분수에 대해 얘기해 보는 거야!

주원 좋아. 기대해 볼게.

동영상으로 다시 볼까요?

둘째 날
$\frac{1}{3}$, 3개 있으면 1이 되는 수

주원 봉보로~ 봉봉~ 깨봉!

깨봇 삐비빅– 깨봇 작동! 안녕? 수학 얘기 하고 싶어서 불렀어?

주원 응. 분수 얘기를 더 듣고 싶어.

깨봇 좋아! 그럼 바로 시작하자~ 동그라미 6개를 3명에게 나눠 주려면 1명당 몇 개씩 나눠 줘야 할까?

주원 당연히 2개씩 나눠 주면 되지.

깨봇 그럼 동그라미 1개를 3명에게 나눠 주려면 1명당 몇 개씩 나눠 줘야 할까?

주원 음… 그냥 3조각으로 잘라서 1개씩 주면 되는 거 아니야? 각자 $\frac{1}{3}$ 씩.

깨봇 오! 너 잘하는구나? 아주 좋아~ 그러면 $\frac{1}{3}$ 의 뜻이 뭔지도 말해 볼래?

주원 $\frac{1}{3}$ 의 뜻? $\frac{1}{3}$ 은 그냥 $\frac{1}{3}$ 인데….

깨봇 $\frac{1}{3}$ 에도 뜻이 있어. 동그라미 그림으로 보자. 동그라미 1개를 3명에게 나눠 주려면 이렇게 자르면 되지? 이걸 나눗셈 식으로 나타내면 1÷3인 거고. 1개를 3조각으로 나누는 거니까~ 그럼 이 상황을 어떻게 나타내면 좋을까? 우리가 이미 알고 있는 것을 이용해서 말야. 수학에서 새로운 것은 항상 이미 알고 있는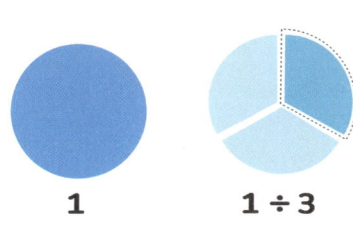

것을 이용해서 만들거든! 자~ 오른쪽 동그라미에 잘려 있는 한 조각의 크기를 '이것'이라고 하면, '이것'을 3개 모으면 1이 되는 셈이야. '3개'라는 말에서 '개'는 곱하기를 의미하니까….

주원 1 = 3 × '이것'이라는 거구나.

깨봇 맞아! 그래서 '이것'은 3개가 있으면 1이 되는 수야. 그런데 매번 '3개 있으면 1이 되는 수'라고 부르면 너무 불편하잖아? 말이 기니까. 그

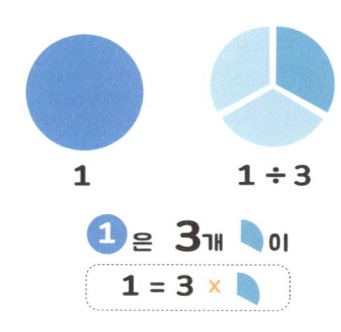

래서 수학에서는 **3개 있으면 1이 되는 수** $=\dfrac{1}{3}$ 로 쓰자고 약속했어. 읽을 때는 '3분의 1'이라고 읽기로 하고~

주원 그래서 분수가 만들어진 거구나?

깨봇 응~ 분수는 1보다 더 작은 수를 표현하기 위해 만들어진

거야. 그리고 $\frac{1}{3}$을 잘 보면 1과 3이라는 자연수 2개로 만들어져 있어. 여기서 아래에 있는 3을 **분모**, 위에 있는 1을 **분자**라고 불러.

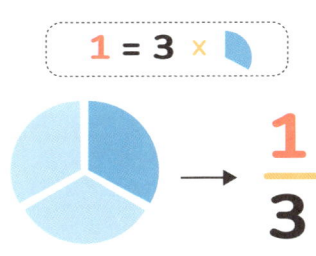

주원 분수는 나누기를 계산 없이 표현하기 위한 거라고 하지 않았어?

깨봇 맞아, 기억하고 있었구나! 그래서 $\frac{1}{3}$은 1÷3과 같아. '1을 3으로 나눈 것'이 3개 있으면 1이 될 테니까 당연한 얘기지~ 그래서 보통은 $\frac{1}{3}$을 3분의 1이라고 읽지만, 뜻 그대로 '1 나누기 3'으로 읽어도 돼!

주원 분수가 우리를 편하게 해 주기 위해 태어났다는 말을 조금 알 것 같아.

깨봇 분수뿐만 아니라, 다른 어려워 보이는 수학 기호들도 사실은 우리를 편하게 해 주기 위해 약속을 통해 만들어진 거야. 약속한 거니까 그냥 그 약속대로 쓰기만 하면 되지! 사람들은 약속한 건 꼭 지키잖아~

주원 사람들이라고 약속을 다 지키는 건 아니야. 우리 엄마는 벌써 3달 전에 스마트폰을 사주겠다고 약속해 놓고 아직까지 안 사줬는걸. 영영 안 지킬지도 몰라.

깨봇 그래? 사람은 참 복잡한 존재야. 수학이랑은 많이 다른 거 같아! 난 수학 전문이니까, 다시 수학 얘기로 넘어갈래~ 여기 물음표에 들어갈 수를 구할 수 있겠어?

$$1 \div 3 = \boxed{?}$$

$$\boxed{?} + \boxed{?} + \boxed{?} = 1$$

주원 맨 위는 $\frac{1}{3}$ 이고, 두 번째는… $\frac{1}{3}$ 이고, 세 번째도 $\frac{1}{3}$ 이야. 전부 $\frac{1}{3}$ 이네.

$$3 \times \boxed{?} = 1$$

깨봇 맞아~ 물음표 안에 들어갈 수는 전부 $\frac{1}{3}$ 이야. 식의 의미를 생각해 보면 바로 알 수 있지. 물음표 자리에는 전부 '3개 있으면 1이 되는 수'가 들어가야 하니까.

주원 여러 가지로 표현될 수 있는 거네.

깨봇 음수도 마찬가지로 생각할 수 있어. 3을 더하면 0이 되는 수가 바로 −3이지? 어떤 자연수를 더해서 0이 되는 수는 음수가 되는 거야. 어떤 자연수를 곱해서 1이 되면 그것은 분수인 것처럼. 이렇게 수학 개념끼리 연결을 지으면 뜻이 명확해지고 더 많은 응용을 할 수 있어!

주원 음… 아직 음수까지는 잘 모르겠지만 일단 기억해 둘게.

셋째 날
$\frac{2}{3}$는 $\frac{1}{3}$이 두 개

주원 봉보로~ 봉봉~ 깨봉!

깨봇 삐비빅- 깨봇 작동! 안녕? 수학 얘기 하고 싶어서 불렀어?

주원 응, 맞아. 그런데 깨봇 너 오늘은 왠지 신나 보이네? 무슨 좋은 일 있어?

깨봇 물론 있지! 네가 진심으로 수학 얘기를 하고 싶다고 신호를 보내 줬잖아~

주원 음… 다행이네. 수학을 가르쳐 주는 게 신나는 일이라서.

깨봇 깨봇에게는 가장 신나는 일이지! 그럼 바로 시작해도 돼? 우선 $\frac{1}{3}$의 뜻이 뭔지 복습해 보자.

주원 $\frac{1}{3}$은 3개 있으면 1이 되는 수야. $\frac{1}{3}$을 3배 하면 1이고.

깨봇 좋아! 그럼 $\frac{2}{3}$는 무슨 뜻인 것 같아?

주원 $\frac{1}{3}$이 3개 있으면 1이 되는 수였으니까, $\frac{2}{3}$는 3개 있으면 2가 되는 수?

깨봇 맞아~ 조금 다르게 말해 보면 $\frac{2}{3}$는 $\frac{1}{3}$이 2개 있는 수야. 그

러니까, $\frac{2}{3} = 2 \times \frac{1}{3}$ 이지. 이건 계산이 아니라 약속이야! 그림으로 그려 볼께.

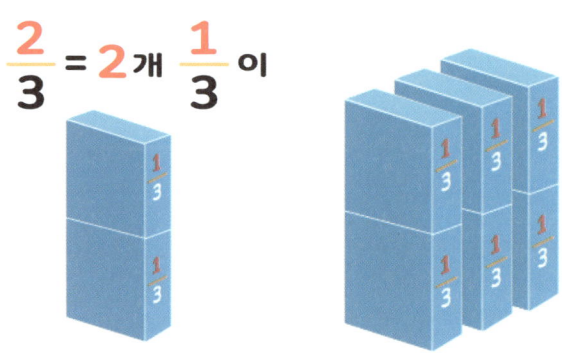

깨봇 그리고 $\frac{2}{3}$ 가 3개 있으면 오른쪽처럼 돼! $\frac{1}{3}$ 이 3개 있으면 1이니까 이건 2가 돼. $\frac{1}{3}$ 이 6개 있는 거니까! 네가 말한 것처럼, $\frac{2}{3}$ 는 3개 있으면 2가 되는 수인 거야.

주원 같은 $\frac{2}{3}$ 를 여러 가지로 말할 수 있구나.

깨봇 정확히 말하자면 뜻은 하나지만 그걸 표현하는 방법이 여러 가지인 거야. 방금처럼 $\frac{2}{3}$ 를 $\frac{1}{3}$ 이 2개인 수라고 할 수도 있고, 3개 있으면 2가 되는 수라고 할 수도 있지. 표현은 약간 다르지만 핵심 의미는 같아! 핵심 의미만 꿰뚫고 있다면 표현이 조금 달라져도 금방 그 의미를 알아차릴 수 있어.

자, 물음표에 들어갈 수가 무엇인지 생각해 볼까?

$2 \times \dfrac{1}{3} = \boxed{?}$

$\boxed{?}$의 **3배** = **2**

2 = **3** × $\boxed{?}$

2 ÷ **3** = $\boxed{?}$

2는 **3**의 $\boxed{?}$ **배**

주원 모두 $\dfrac{2}{3}$야. 그런데 맨 마지막 줄은 잘 모르겠어. 이것도 $\dfrac{2}{3}$인 것 같기는 한데….

깨봇 세 번째 줄은 어땠어?

주원 이건 확실히 $\dfrac{2}{3}$야. $\dfrac{2}{3}$는 3개 있으면 2가 되는 수니까.

깨봇 그렇지? 그런데 곱하기는 '배'로 생각할 수 있잖아. 예를 들어, 2×3은 2의 3배, 또는 3의 2배로 말할 수 있지.

주원 응, 그건 기억하고 있어.

깨봇 세 번째 줄에 있는 식도 한번 말로 표현해 보자. 2=3×?에서 곱하기를 배로 표현해서 말해 볼래?

주원 '2는 3의 ?배다' 아냐? 아! 마지막 줄과 완전히 똑같네.

깨봇 이제 마지막 줄의 물음표에도 $\dfrac{2}{3}$가 들어간다는 걸 확실히 알겠지? 또, 네 번째 줄과 마지막 줄, 즉 2÷3이랑 '2는 3의 몇 배인가' 하는 것은 똑같은 말이야. 누군가 2가 3의 몇 배냐고 물으면 그냥 2÷3이라고 대답해도 되고 $\dfrac{2}{3}$라고 대답해도 된다는 거지~ 거꾸로 2÷3이 뭐냐고 물으면 '2는 3의 몇 배'라고 대답하면 되고! 묻는 것이 바로 질문이자 답인 셈이야!

주원 그런데 굳이 이렇게 여러 표현을 다 알아야 해? 그냥 뜻 하나만 알면 안 되는 거야?

깨봇 그래도 되긴 해. 그렇지만 여러 상황에 맞는 표현을 각각 쓰기 위해서는 여러 방식을 익혀 두는 게 좋아!

주원 아직은 잘 모르겠지만… 그래도 여러 표현 방식을 익히도록 노력해 볼게.

넷째 날
분수의 두 얼굴

주원 냠냠냠냠냠냠… 쩝쩝쩝쩝쩝쩝….

깨봇 뭐 하는 중이야?

주원 깜짝이야. 뭐 하긴, 치킨 먹는 중이지.

깨봇 나도 줘!

주원 뭐? 너는 로봇이잖아. 로봇이 치킨을 어떻게 먹어?

깨봇 로봇은 치킨을 먹을 수 없어? 그럼 나는 사람이 될래. 사람은 치킨 먹을 수 있지?

주원 사람이 되고 싶다고 될 수 있는 건 아니야. 너는 수학 얘기 할 때랑 아닐 때랑 좀 차이가 큰 거 같아. 이럴 땐! 봉보로~ 봉봉~ 깨봉!

깨봇 삐비빅- 깨봇 작동! 안녕? 수학 얘기 하고 싶어서 불렀어?

주원 이제 정상으로 돌아온 것 같네. 응, 내가 불렀지. 저번에 하던 분수 얘기 계속해 줘.

깨봇 좋아! 오늘은 분수의 뜻을 2가지 관점에서 살펴 볼까? 같은 뜻이지만 어떤 관점으로 보는지에 따라 그 느낌이 굉장히 달라지거든~ 예를 들어서, $\frac{2}{3}$를 바라보는 관점 2가지에 따라서 표현을 분류해 볼게.

주원 뭐가 다른 거지?

깨봇 왼쪽은 분수를 '개수와 단위'로 보는 관점이야. $\frac{2}{3}$를 $\frac{1}{3}$이라는 단위와 2개라는 개수로 보는 방식이지.

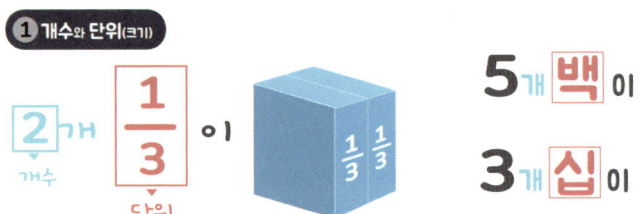

깨봇 마치 530이 백 5개, 십 3개라는 뜻인 것과 같아! 여기서는 백과 십이 단위겠지?

주원 백과 십이 단위였구나… 뭔가 새로운데? 어쨌든 그래서 $\frac{1}{3}$도 단위라는 거지?

깨봇 맞아! 그래서 $\frac{1}{3}$ 같이 분자가 1인 분수를 **단위분수**라고 불러.

주원 단위분수도 배웠던 거 같아. 왜 단위분수라고 부르는지는 지금 알았네.

깨봇 좋아. 이번엔 다른 관점을 볼게! '분자와 분모의 관계'로 보는 관점이야.

주원 분자와 분모의 관계?

깨봇 $\frac{2}{3}$는 2와 3의 관계로 볼 수 있어. 2와 3으로 만들어진 수니까~

주원 구체적으로 어떤 관계인데?

깨봇 '2는 3의 몇 배인가' 하는 관계야. $\frac{2}{3}$의 뜻이 2는 3의 몇 배, 다르게 말하면 2÷3이라는 건 기억하지?

주원 응. 지난번에 여러 가지 표현에 대해 얘기했잖아.

깨봇 여기서도 약속이 생겼어. 매번 '2는 3의 몇 배'를 말하기 힘드니까 기호를 만든 거야. 간단하게 2:3이라고 나타내기로 했지. 읽을 때는 '2 대 3'이라고 하면 돼!

주원 2:3이 그런 뜻이었구나. 비율은 들어 봤어.

깨봇 '나누기'와 '분수', '비율(ratio)'은 모두 같은 뜻의 다른 표현이야. 상황에 맞게 쓰기 위해 여러 표현이 만들어진 거지.

주원 그렇구나. 표현이 정말 다양하네.

깨봇 그럼 이번엔 분수의 종류와 그 이름에 대해 알아보자! $\frac{7}{3}$을 예로 들어 볼게~ $\frac{7}{3}$ = 7÷3이지? 한번 실제로 7을 3으로 나눠 보자. 7을 3으로 나누면 몫이 2고 나머지가 1이야. 즉, 사과 7개를 3명에게 나눠 주면 1명당 2개씩 나눠 주고 1개가 남는다는 얘기!

주원 맞아. 나머지가 생겨.

깨봇 그런데 남는 1개까지 나눠 주려면 어떻게 해야 할까?

주원 1개를 셋으로 쪼개서 나눠 주면 되지. 1명당 $\frac{1}{3}$ 개씩.

깨봇 맞아! 사과 7개를 3명에게 나눠 주면 1명당 사과를 $2+\frac{1}{3}$ 개씩 받을 수 있어. 식으로 써 보면 $\frac{7}{3} = 7 \div 3 = 2 + \frac{1}{3}$ 이렇게 정리되는 거야.

주원 그렇구나.

깨봇 맨 처음에 했던 얘기 기억해? 2÷3처럼 그냥은 나눠 줄 수 없고 쪼개서 나눠 줘야 하는 상황에서 분수가 필요해졌다는 거. 이렇게, 쪼개서 나눠 줘야만 하는 나누기 식을 수로 나타낸 것을 **진분수**라고 불러. '진짜 분수', 진짜 필요한 분수라는 뜻이지! $\frac{1}{3}$, $\frac{2}{3}$ 같은 것들이 진분수야.

주원 그러면 $\frac{7}{3}$ 도 진분수야? 7÷3도 그냥은 나눠 줄 수 없잖아.

깨봇 아쉽지만 $\frac{7}{3}$ 은 진분수가 아니야~ 사과 7개를 3명에게 나눠 줄 때는 당장 쪼개지 않아도 2개씩은 나눠 줄 수 있으니까! 남은 1개를 다시 3명에게 나눠 줄 때는 쪼개야 하니까 $1 \div 3 = \frac{1}{3}$ 은 진분수가 맞고. $\frac{7}{3}$ 처럼 쪼개지 않고도 일단 나눠 줄 수 있는 분수를 **가분수**라고 불러. 조금 억울할지 모르지만 '가짜 분수'라는 이름이 붙었지.

주원 음… 그러면 $\frac{3}{4}$ 처럼 분자가 분모보다 작아야 진분수겠네? 그래야 쪼개지 않고서는 나눠 줄 수 없을 테니까.

깨봇 완전 맞는 말이야! 반대로 $\frac{5}{3}$ 처럼 분자가 분모보다 크거나 같으면 가분수가 되는 거고~ 그리고 하나 더! $\frac{7}{3} = 2 + \frac{1}{3}$ 에서 더하기를 생략하고 $2\frac{1}{3}$ 이라고 쓸 수도 있어. 이렇게 쓴 분수를 **대분수**라고 부르지.

주원 아, 알겠다. '큰 대(大)'를 쓴 거지? 큰 분수라는 뜻으로.

깨봇 아쉽지만 여기서 '대'는 '띠 대(帶)'라는 한자를 써~ 마치 자연수에 분수로 허리띠를 두른 것처럼 보인다고 해서 붙인 이름이야.

주원 깨봇 너 그렇게 어려운 한자까지 알아? 수학 로봇이면서…. 그런데 대분수에서 더하기는 왜 생략하는 거야? 괜히 헷갈릴 것 같은데.

깨봇 그럴 땐 짜장 2개, 짬뽕 3개를 생각해 봐~ 중국집에서 음식을 시킬 때 "짜장 2개 *더하기* 짬뽕 3개 주세요"라고 말하는 경우는 거의 없잖아. 더하기 빼고 그냥 "짜장 2개, 짬뽕 3개 주세요"라고 말하지. 왜냐하면 짜장과 짬뽕은 다른 **단위**니까! 다른 단위끼리 더할 때는 더하기를 생략하고 표현하는 경우가 종종 있어.

주원 2와 $\frac{1}{3}$ 의 단위가 다른 거라고?

깨봇 2의 단위는 1이고 $\frac{1}{3}$ 의 단위는 $\frac{1}{3}$ 이잖아? 그래서 짜장과 짬뽕처럼 더하기를 생략하고 표현하는 거야~

주원 분수들 이름이 너무 많아서 헷갈릴 것 같아.

깨봇 필요에 따라 여러 이름을 만들다 보니 처음에는 헷갈릴 수 있어. 그렇지만 가분수나 대분수가 왜 필요한지 알면 헷갈리지 않을 거야. 가분수와 대분수가 각각 어떤 상황에서 필요한지는 다음에 이어서 얘기하자!

다섯째 날
진짜 필요해, 가분수

깨봇 와그작와그작와그작와그작….

주원 깨봇! 이게 무슨 소리야? 뭐해?

깨봇 나 과자 먹는 중이야! 옴뇸뇸뇸옴뇸뇸.

주원 너 그거 먹어도 돼? 치킨은 못 먹잖아! 이러다 고장 나는 거 아니지?

깨봇 걱정 마~ 괜찮아~ 와구와구와구.

주원 아저씨는 도대체 뭘 만든 거지? 그런데… 그 과자, 내가 나중에 먹으려고 책꽂이 뒤에 숨겨 놨던 거 같은데?

깨봇 아~ 맛있었다! 이거 더 없어? 더 먹을래!

주원 없어…. 하나 있던 걸 네가 먹었잖아. 에휴. 그냥 수업료라고 쳐야지. 봉보로~ 봉봉~ 깨봉!

깨봇 삐비빅- 깨봇 작동! 안녕? 수학 얘기 하고 싶어서 불렀어?

주원 그래, 이제 그만 먹고 수학 로봇으로 돌아와 줘.

깨봇 가분수와 대분수 기억해? 복습할 겸, 가분수를 대분수로 바꿔 보자. $\frac{7}{3}$ 을 대분수로 바꾸면 어떻게 될까?

주원 $\frac{7}{3}$ 은 7÷3=2에 나머지는 1이야. 남은 1도 쪼개면 $\frac{1}{3}$ 씩

더 나눠 주게 되니까 몫은 $2+\frac{1}{3}=2\frac{1}{3}$ 이 되지. 그래서 $\frac{7}{3}$ $=2\frac{1}{3}$ 이야.

깨봇 맞아! 그럼 이렇게 가분수를 대분수로 바꾸면 뭐가 좋을까?

주원 음… 그것도 배웠었나? 잘 모르겠어.

깨봇 대분수는 대략 얼마인지 그 크기를 가늠하기가 쉬워~ $\frac{7}{3}$ 보다는 $2\frac{1}{3}$ 을 볼 때 크기가 어느 정도인지 잘 와닿을 거야. $2\frac{1}{3}$ 은 딱 봐도 2보다 조금 큰 수니까.

$$\frac{7}{3} \longrightarrow 2\frac{1}{3}$$

크기 알기가 더 쉽다

$$2 < 2\frac{1}{3} < 3$$

주원 대분수로 바꾸면 크기를 쉽게 알 수 있어서 좋은 거구나.

깨봇 이번에는 대분수를 가분수로 바꿔 보자. $2\frac{1}{3}$ 을 가분수로 바꿔 볼래?

주원 그냥 $\frac{7}{3}$ 아니야? $\frac{7}{3}$ 을 대분수로 바꾸면 $2\frac{1}{3}$ 이었으니까.

깨봇 맞아. 그런데 만약에 처음부터 $2\frac{1}{3}$ 을 주고 가분수로 바꾸라고 했다면, 할 수 있을까?

주원 $2\frac{1}{3}=2+\frac{1}{3}$ 인 걸 이용해야 하는 거 같아. 그런데 여기서

부터 어떻게 해야 될지는 모르겠어.

깨봇 2와 $\frac{1}{3}$을 더하기가 어려운 건 둘의 단위가 다르기 때문이야! 2는 1이 2개인 수고 $\frac{1}{3}$은 $\frac{1}{3}$이 1개인 수니까, 둘의 단위가 1과 $\frac{1}{3}$로 서로 다르지. 그래서 단위를 맞추기 위해 2의 단위를 $\frac{1}{3}$로 바꿔 줄 거야. 즉, 2는 $\frac{1}{3}$이 몇 개인 수인지 알아야 하는 거지~

주원 2는 $\frac{1}{3}$이 6개인 수 아닐까? $\frac{1}{3}$이 3개면 1이니까, 2를 만들려면 $\frac{1}{3}$이 6개 있으면 될 것 같아.

깨봇 우와! 대단해~ 그래서 $2 + \frac{1}{3} = 6 \times \frac{1}{3} + \frac{1}{3}$이야. $\frac{1}{3}$이 6개 있는 수와 $\frac{1}{3}$이 1개 있는 수를 더하면 $\frac{1}{3}$이 7개 있는 수가 되겠지? 그래서 $2\frac{1}{3} = 2 + \frac{1}{3} = \frac{7}{3}$이야. 그럼 이렇게 대분수를 가분수로 바꾸면 뭐가 좋을까?

주원 이번에도 잘 모르겠는데… 짧게 쓸 수 있다?

깨봇 가분수는 나누기로 생각하기가 쉬워! $\frac{7}{3}$을 보고 바로 $7 \div 3$을 떠올릴 수 있지~ 그리고 가분수는 분수를 '두 수의 관계'라는 관점에서 보기가 쉬워져. $\frac{7}{3}$은 7과 3의 관계를 나타낸다는 걸 바로 알 수 있으니까. '7은 3의 몇 배?'의 문제 말야.

주원 아무래도 $2\frac{1}{3}$를 보고 두 수의 관계를 생각하기는 어렵지.

깨봇 또, 이걸 이용하면 $\frac{7}{3} = 7:3$이라는 것도 바로 알 수 있어.

둘 다 '7은 3의 몇 배?'라는 뜻이니까. 그리고 또 있어! 가분수는 대분수보다 곱하기와 나누기 계산이 쉬워!

주원 가분수가 대분수보다 장점이 많은 거 같다?

깨봇 그래서 계산할 때는 보통 대분수보다는 가분수를 많이 써. 사실 거의 대부분 가분수로 쓰는 거나 마찬가지야.

주원 이름은 가짜 분수인데 하는 일은 많네.

깨봇 맞아. 좀 억울한 이름이지~

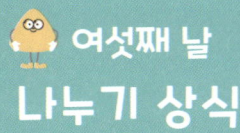

여섯째 날
나누기 상식

깨봇 '사람이 되기 위한 조건'은 뭐야?

주원 사람이 되기 위한 조건?

깨봇 응! 어떤 사각형이 정사각형이 되려면 네 변의 길이가 모두 같고, 네 각의 크기도 모두 같아야 한다는 조건이 있잖아~ 그럼 사람이 되기 위한 조건은 뭐야?

주원 갑자기 그건 왜?

깨봇 나는 정말로! 사람이 되고 싶어졌거든! 혼자 곰곰이 생각해 봤어. 사람은 음식을 먹고 똥을 싸잖아? 그게 사람의 조건인 거 같기도 해서, 나도 음식을 먹고 똥을 싸 봤단 말이야~ 어때? 난 잘 모르겠는데, 내가 사람이 된 거 같아?

주원 그래서 내 과자를 먹은 거야? 아니, 그보다, 똥을 쌌다고? 어디에?

깨봇 똥은 치워야 하는 거잖아~ 나도 잘 알거든! 그래서 옮기기 좋은 곳에 담아 뒀지. 저기!

주원 그건 내 가방인데… 응, 내 가방에 똥을 쌌구나, 그렇구나… 냄새… 후, 사람이 되는 조건이 뭔지는 모르겠지만,

사람은 아무데나 똥을 싸면 안 돼! 그리고 스스로 책임도 져야 하지. 얼른 이거 치우고 와.

깨봇 흠… 그게 사람이 되기 위한 조건 중에 하나라는 거지? 알겠어. 잠시만 기다려!

주원 어휴, 진짜 별일을 다 본다. 로봇이 어떻게 똥을 싸지? 그리고 냄새는 또 왜 이렇게 심해? 나중에 아저씨를 만나면 꼭 말해 줘야겠다.

깨봇 다녀왔어!

주원 그래. 너는 수학 얘기를 할 때 가장 완벽한 거 같아! 봉보로~ 봉봉~ 깨봉!

깨봇 삐비빅- 깨봇 작동! 안녕? 수학 얘기 하고 싶어서 불렀어? 오늘은 나누기 상식에 대해 알아볼 거야~

주원 나누기 상식이라는 게 있어?

깨봇 응. 분수는 나누기로 생각할 수 있잖아? $\frac{7}{3}=7 \div 3$처럼~ 나누기 상식을 알면 분수에도 그대로 적용할 수 있어. 그럼 먼저, $15 \div 3$은 뭘까?

주원 당연히 5지.

깨봇 그림으로도 생각해 보자~ 나누기는 **묶기**로 생각할 수 있어. $15 \div 3$은 '15를 3개씩 묶으면 몇 묶음인지' 묻는

의미로 생각할 수 있으니까.

깨봇 '묶기'를 생각하면서, 이번에는 15의 2배인 30을 3으로 나눠 보자.

주원 10이 돼.

깨봇 맞아~ 묶어야 할 동그라미 개수가 2배가 되었으니 묶음 수도 2배가 되는 거야.

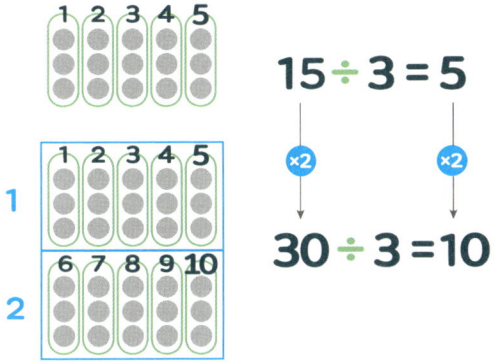

주원 나누기 기호 앞의 수를 2배 하면 답이 2배가 될 수밖에 없구나.

깨봇 그렇지. 그럼 이번엔 나누는 수를 2배로 늘려 보자. 30÷3을 30÷6으로 바꾸면 답이 어떻게 될까?

주원 왠지 이번에는 답이 반으로 줄어들 것 같아. 다시 5?

깨봇 1묶음을 만들기 위해 이전보다 동그라미가 2배 많이 필요하니까, 전체 묶음 수는 절반으로 줄어드는 게 맞아! 그래서 나누는 수를 2배로 하면 답은 절반으로 줄어들어.

그렇다면 나눠지는 앞의 수와 나누는 뒤의 수를 둘 다 2배로 늘리면 어떻게 될까? 15÷3을 30÷6으로 바꾼다고 생각해 봐~

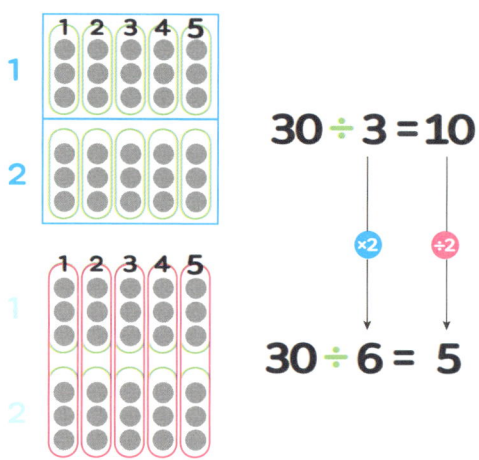

주원 앞의 수를 2배 늘리면 답도 2배 늘고, 뒤의 수를 2배 늘리면 답이 절반으로 줄어드니까… 앞의 수와 뒤의 수를 둘 다 2배로 늘리면 답은 그대로일 것 같아.

깨봇 정확해! 잘했어! 굳이 2배가 아니더라도, 앞 수와 뒤 수에 몇 배든 똑같이만 하면 답은 그대로야.

주원 그렇겠네. 15÷3 = 45÷9처럼, 앞뒤에 똑같이 3배를 해도 답은 같아.

깨봇 자, 그럼 이제 이 나누기 상식을 분수에 적용해 보자~ $\frac{2}{3}$는 2÷3과 같지?

주원 응, 맞아.

깨봇 그리고 2÷3은 4÷6이랑 똑같고.

주원 앞의 수와 뒤의 수를 둘 다 2배로 늘렸으니까.

깨봇 그리고 4÷6은 $\frac{4}{6}$와 같지. 그래서 $\frac{2}{3}$는 $\frac{4}{6}$와 같아!

주원 그게 그렇게 되네?

깨봇 조금 더 응용해 보면 $\frac{2}{3}$ = 2÷3 = 4÷6 = 6÷9 = 8÷12 = 10÷15 = ⋯라는 걸 알 수 있어. 앞 수와 뒤 수를 둘 다 2배, 3배, 4배⋯ 해도 답은 변하지 않으니까.

주원 그래서 $\frac{2}{3}$ = $\frac{4}{6}$ = $\frac{6}{9}$ = $\frac{8}{12}$ = $\frac{10}{15}$ = ⋯인 걸 알 수 있구나?

깨봇 분수의 분모와 분자에 같은 수를 곱해도 분수의 크기는 그대로인 거지! $\frac{2}{3} = \frac{2 \times 5}{3 \times 5} = \frac{10}{15}$처럼. 물론 0은 제외!

주원 음, 그럼 거꾸로 분자와 분모를 같은 수로 나눠도 분수의 크기는 그대로겠네?

깨봇 오! 정말 의외인데? 대단해! $\frac{10}{15} = \frac{10 \div 5}{15 \div 5} = \frac{2}{3}$ 같은 경우를 보면 확인할 수 있어.

주원 나누기로 분수를 이해하니까 훨씬 쉽긴 한 거 같아. 분수의 위아래에 같은 수를 곱하고 나누는 건 해 봤던 건데, 이제는 그 이유를 정확히 알겠어.

깨봇 좋아, 그럼 나는 이만 자러 갈래! 시간에 맞춰 자는 것도 사람의 조건인 것 같거든~

깨뽓이 자러 간 뒤, 한구석에 처박힌 가방을 찾아냈다. 똥 담는 자루로 전락한 나의 가방을 던지고 물을 콸콸 틀었다. 빤다고 이 냄새가 사라질까? 지금 콸콸 흐르는 게 물줄기인지 내 눈물인지, 눈물이 나는 게 냄새 때문인지 앞으로 똥 냄새를 품을 내 가방 때문인지 아무것도 알 수 없었다.

일곱째 날
분수의 크기 비교

깨봇 쿨쿨쿨… 고롱고롱~

주원 로봇이 잠도 자고 코도 고네. 그래, 괜히 사고 치지 말고 차라리 푹 자라.

깨봇 흐하암~ 잘 잤다! 안녕? 좋은 아침! 오늘도 사람이 되기 위한 노력을 하러 가 볼까?

주원 뭐? 안 돼! 봉보로~ 봉봉~ 깨봉!

깨봇 삐비빅- 깨봇 작동! 안녕? 수학 얘기 하고 싶어서 불렀어? 수학 얘기를 하고 싶다니 오늘은 분수의 뜻을 이용해서 여러 분수의 크기를 비교해 볼게!

주원 좋아. 분수 얘기.

깨봇 $\frac{1}{2}$, $\frac{1}{3}$, $\frac{1}{4}$ 을 크기 순서대로 나열하면 어떻게 될까?

주원 $\frac{1}{2}$ 이 제일 큰가? 아니면 $\frac{1}{4}$?

깨봇 그림으로 생각해 보자~ $\frac{1}{2} = 1 \div 2$, $\frac{1}{3} = 1 \div 3$, $\frac{1}{4} = 1 \div 4$ 니까, $\frac{1}{2}$ 은 케이크 하나를 2명이 나눠 먹는 것, $\frac{1}{3}$ 은 3명이 나눠 먹는 것, $\frac{1}{4}$ 은 4명이 나눠 먹는 것으로 생각할 수 있어.

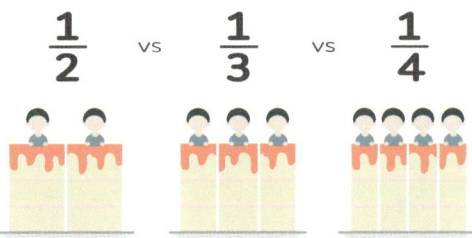

주원 그러면 $\frac{1}{2}$이 제일 크겠네. 제일 적게 쪼갰으니까. 제일 많이 쪼갠 $\frac{1}{4}$이 제일 작고.

깨봇 맞아! 이번에는 $\frac{3}{7}$과 $\frac{3}{8}$을 비교해 보자. 어느 쪽이 더 클까?

주원 $\frac{3}{7}$은 3÷7이니까 케이크 3개를 7명이서 나눠 먹는 것과 같아. $\frac{3}{8}$은 케이크 3개를 8명이서 나눠 먹는 거고… 그러면 $\frac{3}{7}$이 더 커. 똑같은 3개의 케이크를 더 적은 사람이 나눠 먹는 거니까.

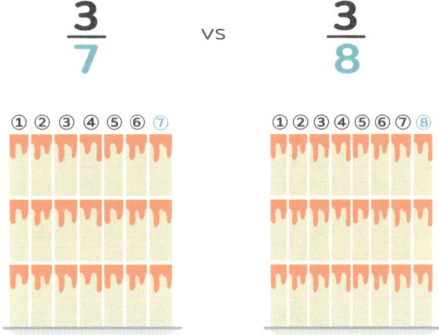

깨봇 설명까지 아주 정확해! 두 분수의 분자가 같은 경우에는 분모가 작은 쪽이 더 큰 분수야. 조금 다른 방식으로 보면, $\frac{3}{7}$은 $\frac{1}{7}$이 3개 있는 수, $\frac{3}{8}$은 $\frac{1}{8}$이 3개 있는 수잖아? 그런데 $\frac{1}{7}$이 $\frac{1}{8}$보다 크니까 $\frac{3}{7}$도 $\frac{3}{8}$보다 크다고 말할 수 있어.

주원 그 방법도 간단하네~

깨봇 자, 그럼 $\frac{2}{5}$와 $\frac{3}{5}$ 중에는 어떤 분수가 더 클까?

주원 $\frac{3}{5}$이 더 큰 거 같아. $\frac{2}{5}$는 $\frac{1}{5}$이 2개, $\frac{3}{5}$은 $\frac{1}{5}$이 3개 있는 수니까?

깨봇 맞아~ $\frac{2}{5}$와 $\frac{3}{5}$은 단위가 $\frac{1}{5}$로 서로 같으니까, 그 개수만 비교해 주면 돼.

주원 분모가 같을 때는 분자만 비교하면 된다는 거지?

깨봇 응. 그래서 두 분수의 분자나 분모 중에 하나가 같으면 크기를 비교하기가 쉬워. 이번엔 $\frac{2}{3}$와 $\frac{4}{7}$처럼 분자와 분모가 둘 다 다른 경우를 생각해 보자!

주원 분자와 분모가 둘 다 달라서 간단하지 않아 보이는데….

깨봇 '나누기 상식' 기억나? 나눗셈 식의 앞뒤를 같은 수로 곱하거나 나눠도 답은 그대로였던 것 말야~

주원 아! 맞다. 분수는 나누기랑 똑같으니까 분수의 위아래를 같은 수로 곱하거나 나눠도 분수의 크기는 변하지 않지. 그러면 분모를 똑같이 만들어 주기 위해 $\frac{2}{3} = \frac{2 \times 7}{3 \times 7} = \frac{14}{21}$, $\frac{4}{7} = \frac{4 \times 3}{7 \times 3} = \frac{12}{21}$로 바꾸고… $\frac{14}{21}$가 $\frac{12}{21}$보다 더 크니까 $\frac{2}{3}$가 $\frac{4}{7}$보다 더 크다는 걸 알 수 있어.

깨봇 맞는 방법이야. 그런데 여기서는 분모보다 분자를 같게 만드는 게 더 쉬워. 분자가 2와 4니까, $\frac{2}{3}$의 위아래에 각각 2배를 해 주면 서로 같아지지.

주원 $\frac{2}{3} = \frac{2 \times 2}{3 \times 2} = \frac{4}{6}$가 돼서, $\frac{4}{7}$보다 크다는 걸 바로 알 수 있구나. 이게 훨씬 간단하네.

깨봇 이번엔 $\frac{2}{3}$와 $\frac{5}{9}$의 크기를 비교해 봐!

주원 이번에는 분모를 같게 하는 게 쉬울 것 같아. $\frac{2}{3} = \frac{2 \times 3}{3 \times 3} = \frac{6}{9}$이니까 $\frac{2}{3}$가 $\frac{5}{9}$보다 더 커.

깨봇 하나 더! $\frac{7}{10}$과 $\frac{9}{12}$도 비교해 보자.

주원 이번엔 분자, 분모 둘 다 쉽지 않은데?

깨봇 어느 한쪽에만 곱해서는 분자나 분모가 같아지지 않지?

주원 아! 그럼 양쪽에 곱해 줘야 해. 처음에 했던 것처럼.

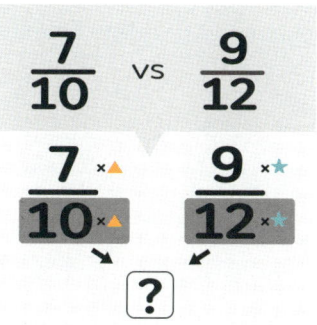

깨봇 맞아~ 양쪽의 분모를 10과 12의 최소공배수로 만들어 주면 되지. 최소공배수는 10과 12 두 수로 가장 효율적으로 만들어지는 수니까.

주원 10과 12의 최소공배수는 60이니까 둘 다 60으로 바꿔 주면 되겠지? 분모를 60으로 만든 다음에 비교하면 오른쪽이 더 커. 즉, $\frac{7}{10}$보다 $\frac{9}{12}$가 더 큰 거지.

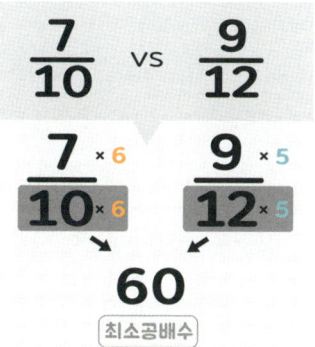

깨봇 이렇게, 분모를 같은 수로 만드는 걸 **통분**이라고 불러. 분모를 통일한다는 뜻이지. 물론 상황에 따라 분모가 아닌 분자를 통일하는 게 더 쉬울 때도 있어! 그때그때 상황에 맞게 더 쉬운 방법을 선택하면 돼~ 이 문제도 더 쉽게 푸는 방법이 있긴 하지만… 오늘은 이제 끝! 나는 이제 사람이 되러 갈 거야.

주원 또 뭘 하려고? 아, 잠깐! 사람이 되려면 이럴 때 푹 자야 해.

깨봇 그래? 알았어. 졸립진 않지만 어쩔 수 없지! 너도 잘 자~

주원 휴….

> 깨봇이 수학 얘기를 하지 않을 때마다 재울 수는 없을 텐데, 먹고 자고 싸는 것 말고 사람이 되기 위한 다른 조건을 얘기해 줘야겠다는 생각이 들었다. 하루 종일 수학 얘기만 할 수도 없으니까. 그런데 깨봇은 왜 사람이 되고 싶어 하는 걸까? 사람보다 로봇으로 사는 게 더 편할 것 같은데.

여덟째 날
의미로 대답하기

주원 깨봇! 너는 왜 사람이 되고 싶은 거야?

깨봇 사람은 늙어 가는 존재기 때문이야!

주원 뭐?

깨봇 사람은 태어나서부터 점점 늙어서 결국 죽음을 맞잖아? 그런데 나는 로봇이라 영원히 살 수 있거든~ 나는 죽어 가는 존재가 부러운 거야.

주원 영원히 살 수 있으면 좋은 거 아니야?

깨봇 아니야! 영원히 살 수 있다면 지금 이 순간이 전혀 소중하지 않을 거야. 영원히 반복되는 일상일 뿐이니까. 그러나 끝이 있는 존재에게는 매 순간이 너무 소중하지~ 다시는 오지 않을 특별한 순간인 거잖아? 나도 매 순간을 소중하게 여기며 살고 싶어.

주원 무슨 소리인지 잘 모르겠는데… 로봇이라서 사고방식이 다른가? 일단 수학 얘기부터 해 줘. 봉보로~ 봉봉~ 깨봉!

깨봇 삐비빅- 깨봇 등장! 안녕? 수학 얘기 하고 싶어서 불렀어? 오늘도 분수 얘기를 해 보자.

주원 좋아.

깨봇 $7-\frac{7}{2}$ 은 얼마일까?

주원 7에서 $\frac{7}{2}$ 을 빼려면… 둘의 단위가 다르니까 우선 단위를 맞춰 줘야 해.

깨봇 좋은 생각이지만, 사실 이런 문제는 번거로운 계산 없이 그 의미만으로 바로 해결할 수 있어.

주원 무슨 의미?

깨봇 $\frac{7}{2}$ 은 7÷2와 같지? 말로 하자면 '7의 절반'이라고 할 수 있을 거야. 그러면 $7-\frac{7}{2}$ 은 7에서 7의 절반을 빼라는 뜻이 되지.

의미로 생각하기

$\frac{7}{2} = 7 \div 2 = 7$의 반!

$$7 - \frac{7}{2} = ?$$

7에서 7의 반을 빼라

주원 7에서 7의 절반을 빼면 7의 절반이 남겠네. 그럼 답은 그냥 $\frac{7}{2}$ 이겠고.

깨봇 그럼 $15-\frac{15}{2}$ 는?

주원 $15-\frac{15}{2}$ 도 마찬가지야. 15에서 15의 절반을 빼라는 말이니까, 15의 절반이 남아. 답은 $\frac{15}{2}$ 야.

깨봇 좋아! 하나 더 해 보자. $\pi i - \frac{\pi i}{2}$ 는 얼마일까?

주원 πi? 처음 보는 기호인데?

깨봇 πi의 뜻을 모르더라도 이 문제는 해결할 수 있어.

주원 πi−$\frac{πi}{2}$도 πi에서 반을 빼라는 말이니까 $\frac{πi}{2}$?

깨봇 잘했어~ πi 자리에 다른 어떤 수가 오더라도 같은 방식으로 해결할 수 있지.  ★이 오더라도 말야. 이번에는 조금 다른 문제를 보자. 7−$\frac{7}{3}$은 얼마일까?

주원 음… 이번엔 절반이 아니네.

깨봇 $\frac{7}{3}$은 3개 있으면 7이 되는 수였지? 거꾸로 말하면, 7은 $\frac{7}{3}$이 3개 있는 수라고 할 수 있어.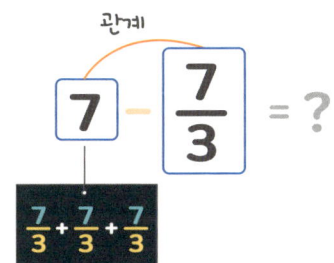

주원 그러면 $\frac{7}{3}$이 3개 있는 수에서 $\frac{7}{3}$을 1개 빼는 거니까, $\frac{7}{3}$이 2개 남아.

깨봇 맞아! 그래서 7−$\frac{7}{3}$=2×$\frac{7}{3}$이 돼.

주원 뭔가 당연한 거 같기도 하고, 신기한 거 같기도 하고.

깨봇 수학은 원래 모두 당연한 말이거든~ 그래서 의미만 꿰뚫으면 너무 쉬워져. 당연한 말이니까! 마지막으로 하나 더 해 볼까? $\frac{7}{2} + \frac{7}{2}$은 얼마일까?

주원 $\frac{7}{2} + \frac{7}{2}$은 7의 절반에 7의 절반을 더하라는 뜻이니까 그냥 7이야!

$$\frac{7}{2} + \frac{7}{2} = 7$$

7의 반   7의 반

깨봇 좋아! 의미를 제대로 꿰뚫었네~ 그럼 나는 이만 사람이 되러 갈게!

주원 잠깐! 어제 내 얘기 기억하지? 사람이 되려면 꼭 잠을 자야 해.

깨봇 오늘은 다른 걸 해 보려고 했는데. 그럼 일단 잠부터 자고 할게!

주원 그래, 아주 푹 자!

하루 종일 고민해 보았지만 재우는 것 말고는 별다른 아이디어가 떠오르지 않았다. 일단 오늘은 재웠으니 한숨 돌렸지만…. 내일도 뭐, 내일의 내가 어떻게든 하겠지.

아홉째 날
단위를 맞춰라

주원 깨봇! 어디 갔어? 어디서 무슨 사고를 치고 있는 거 아냐?

깨봇 안녕!

주원 깨봇! 어디 갔다 온 거야?

깨봇 밖에 좀 다녀왔어! 다른 사람들은 어떻게 살아가는지 보고 싶었거든~

주원 그냥 보기만 했지?

깨봇 응! 밥 먹는 모습, 일하는 모습, 공부하는 모습, 친구와 노는 모습 등등을 보고 왔어.

주원 잘했어. 사고 친 거 같진 않아서 다행이네. 봉보로~ 봉봉~ 깨봉!

깨봇 삐비빅- 깨봇 등장! 안녕? 수학 얘기 하고 싶어서 불렀어? 오늘도 분수 얘기를 할 거야! $\frac{2}{3} + \frac{1}{5}$ 은 얼마일까?

주원 이것도 둘이 단위가 달라.

깨봇 맞아. 그래서 두 분수를 바로 더하기는 쉽지 않아. $\frac{2}{3}$ 는 $\frac{1}{3}$ 이 2개고 $\frac{1}{5}$ 은 $\frac{1}{5}$ 이 1개로, 서로 단위가 다르니까~ 둘을 그냥 더하려면 문제가 생기지.

깨봇 간단한 것부터 보자! $\frac{2}{5} + \frac{1}{5}$은 얼마일까?

주원 $\frac{2}{5}$는 $\frac{1}{5}$이 2개고 $\frac{1}{5}$은 $\frac{1}{5}$이 1개니까, 둘이 더하면 $\frac{1}{5}$이 3개야. 그래서 $\frac{3}{5}$이 돼.

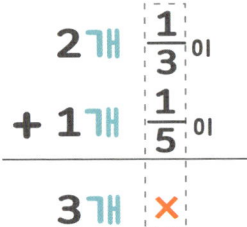

깨봇 이렇게 단위가 같은 경우에는 그냥 개수끼리만 더하면 되니까 간단하지. 원래 문제로 돌아가 보자. 단위가 서로 달라서 더할 수 없었잖아? 그래서 둘을 더하기 위해 단위를 똑같이 맞춰 줘야 해. 그림으로 생각해 보자~ $\frac{1}{3}$은 케이크 1개를 3명이 나눠 먹는 것, $\frac{1}{5}$은 케이크 1개를 5명이 나눠 먹는 것과 같겠지? 그런데 3명 또는 5명이 나눠 먹을

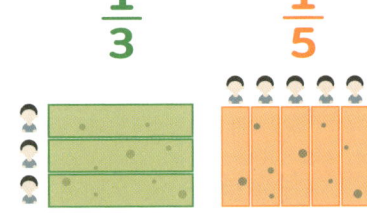

수 있으려면 어떻게 잘라야 할까?

주원 아! 3×5=15로 자르면 돼. 3과 5의 최소공배수야.

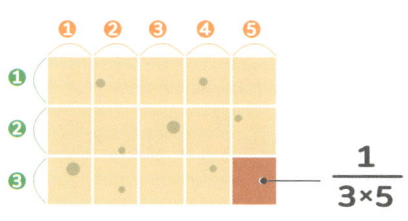

깨봇 좋아. 그러면 이제 1조각의 크기는 $\frac{1}{15}$이야. 그리고 이 조각이 5개 모이면 $\frac{1}{3}$이 되고, 3개 모이면 $\frac{1}{5}$이 되겠지. $\frac{1}{3}$과 $\frac{1}{5}$에 공통 단위 $\frac{1}{15}$을 만들어 준 거야~.

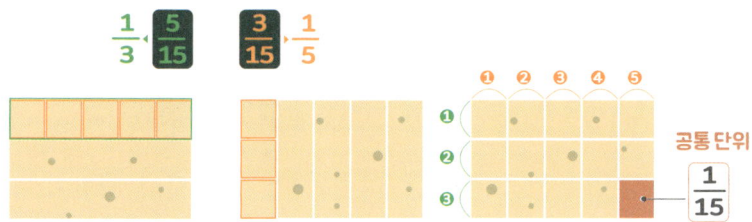

깨봇 공통 단위를 사용해서 $\frac{2}{3} + \frac{1}{5}$을 바꿔 쓰면, $\frac{1}{3} = \frac{5}{15}$니까 $\frac{2}{3}$는 $\frac{5}{15}$가 2개, 그리고….

주원 $\frac{1}{5} = \frac{3}{15}$이야!

깨봇 맞아! 공통 단위인 $\frac{1}{15}$로 전부 바꿔서 정리해 보자.

주원 그러면 $\frac{1}{15}$이 총 10+3=13개 있는 거니까 $\frac{13}{15}$인가?

(2×5)개 $\frac{1}{15}$이
+ (1×3)개 $\frac{1}{15}$이

깨봇 맞아! 식으로 다시 살펴볼까? $\frac{2}{3}+\frac{1}{5}$에서 $\frac{2}{3}=\frac{2\times5}{3\times5}=\frac{10}{15}$, $\frac{1}{5}=\frac{1\times3}{5\times3}=\frac{3}{15}$이니까 $\frac{2}{3}+\frac{1}{5}=\frac{10}{15}+\frac{3}{15}$이 되고, $\frac{10}{15}$과 $\frac{3}{15}$은 단위가 $\frac{1}{15}$로 같으니까 개수, 즉 분자끼리만 더하면 돼. 그래서 $\frac{10}{15}+\frac{3}{15}=\frac{13}{15}$이 되지.

주원 여기서도 단위를 맞출 때 나누기 상식이 쓰인 거지?

깨봇 응! 나누기 상식 없이 분수 얘기를 하기는 어려워. 참 고마운 상식이지? 그럼 나는 오늘도 이만 자러 갈래. 사람이 되기 위한 잠!

주원 응, 잘 자.

열째 날
곱하기가 더하기보다 쉽네?

주원 봉보로~ 봉봉~ 깨봉!

깨봇 삐비빅- 깨봇 등장! 안녕? 수학 얘기 하고 싶어서 불렀어? 분수의 곱셈에 대해 알아볼까?

주원 좋아.

깨봇 $2 \times \frac{3}{7}$은 어떻게 계산할까?

주원 왠지 $\frac{6}{7}$일 거 같아.

깨봇 왜?

주원 그건, 음… $\frac{3}{7}$은 $\frac{1}{7}$이 3개 있는 수고, 거기에 2배를 하면 $\frac{1}{7}$이 6개가 되니까 $\frac{6}{7}$이 되지!

깨봇 잘했어~ 분모는 그대로 있고, 분자인 3에 2가 곱해지지. 이 과정을 식으로 나타내 볼게!

$$2 \times \frac{3}{7}$$

$2 \times 3개\ \frac{1}{7}$이

$= (2 \times 3) \times \frac{1}{7}$

$= \frac{2 \times 3}{7}$

깨봇 $\frac{2}{3} \times \frac{4}{5}$도 계산해 보자!

주원 이번 건 조금 어려운데?

깨봇 **곱하기는 직사각형**이라는 개념을 활용하면 쉽게 계산할 수 있어!

주원 곱하기는 직사각형?

깨봇 $\frac{2}{3} \times \frac{4}{5}$는 세로가 $\frac{2}{3}$, 가로가 $\frac{4}{5}$인 직사각형으로 나타낼 수 있어. 바깥의 큰 사각형은 한 변의 길이가 1인 정사각형이라고 생각해 줘~

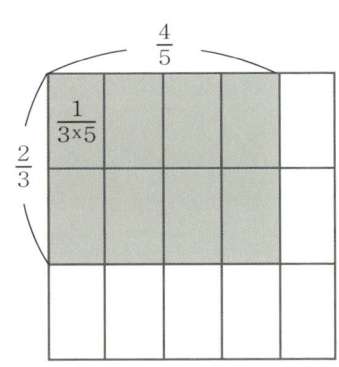

주원 그림에서 색칠된 부분의 넓이가 $\frac{2}{3} \times \frac{4}{5}$겠구나.

깨봇 맞아~ 안쪽의 조그만 직사각형 하나의 넓이는 $\frac{1}{3 \times 5}$이야. 왜냐하면 넓이가 1인 정사각형을 3×5개로 쪼갠 거니까. 케이크를 3명 또는 5명이 먹을 수 있도록 자르는 방법이랑 똑같아!

주원 응, 기억나.

깨봇 $\frac{2}{3} \times \frac{4}{5}$는 넓이가 $\frac{1}{3 \times 5}$인 직사각형이 2×4개 있는 것과 같다는 걸 눈으로 확인할 수 있지. 그래서 $\frac{2}{3} \times \frac{4}{5} = \frac{2 \times 4}{3 \times 5}$야.

주원 음? **분자는 분자끼리, 분모는 분모끼리** 곱한 거나 마찬가지네?

깨봇 맞아. 분모끼리 곱한 수가 새로운 단위를 만들고, 분자끼리 곱한 수가 개수가 되는 거야. $\frac{2}{3} \times \frac{4}{5}$의 경우, 단위는 $\frac{1}{3 \times 5}$이고 개수는 2 × 4였지. 그래서 결과는 $\frac{2 \times 4}{3 \times 5}$고~

주원 생각보다 간단하네.

깨봇 분수는 더하기보다 곱하기가 쉬워.

주원 그러게. 보통은 곱하기가 더하기보다 더 어려웠는데, 분수는 반대네. 신기하기도 하고. 눈으로 이유를 확인했으니까 잊어 버리지 않을 거 같아.

깨봇 좋아! 그렇게 말해 주니까 기뻐~ 그럼 난 이만, 안녕!

끝나고 바로 '깨봇 재우기'부터 했어야 하는데 깜빡해 버렸다. 또 어디를 간 거지? 또 사람이 되겠다고 뭘 하러 간 건가? 사람이 되기 위해서 저렇게 애를 쓰는 게 기특하기도 하고 안쓰럽기도 하지만…. 나가서 무슨 사고라도 칠까 봐 걱정되는 마음이 제일 크다.

🥚 열한째 날
곱하면 1이 되는 수, 역수

깨봇 쏴아아아아~

주원 깨봇, 뭐해?

깨봇 꽃에 물을 주고 있어! 얘네들 목이 말라 보여서~

주원 꽃에 물도 주다니… 너는 이미 로봇보다 사람에 가까운 것 같기도 해. 어떤 점에서는.

깨봇 정말? 그동안 노력한 게 효과가 있었나 봐! 앞으로도 더 노력해야지.

주원 좋아, 응원할게. 봉보로~ 봉봉~ 깨봉!

깨봇 삐비빅- 깨봇 등장! 안녕? 수학 얘기 하고 싶어서 불렀어? 오늘은 곱하기로 만들어진 재미있는 관계를 관찰해 보자.

주원 재미있는 관계?

깨봇 응! 여기 왼쪽과 오른쪽에 있

$\dfrac{2}{3}$ ✕ $\dfrac{3}{2}$

$\dfrac{7}{4}$ ✕ $\dfrac{4}{7}$

$\dfrac{1}{2}$ ✕ $\dfrac{2}{1}$

$\dfrac{3}{4}$ ✕ $\dfrac{4}{3}$

$\dfrac{5}{1}$ ✕ $\dfrac{1}{5}$

는 수들 사이에는 서로 어떤 관계가 있을까?

주원 분자와 분모가 서로 뒤집혔어!

깨봇 조금 더 수학적으로 말하자면, 왼쪽과 오른쪽은 서로 곱하면 1이 되는 관계야.

주원 분자끼리, 분모끼리 곱하면 분자와 분모가 같아지는 거구나.

깨봇 응. 이렇게 서로 곱해서 1이 되는 수를 **역수**라고 불러. 그럼 3의 역수는 무엇일까?

주원 3에 $\frac{1}{3}$을 곱하면 1이 되니까 3의 역수는 $\frac{1}{3}$이야.

깨봇 맞아~ 한 변의 길이가 1인 정사각형을 생각해 봐. 이 정사각형의 넓이는 얼마지?

주원 한 변의 길이가 1이니까 넓이도 1 × 1 = 1이야.

깨봇 좋아. 이제 이 정사각형을 3개로 자르고….

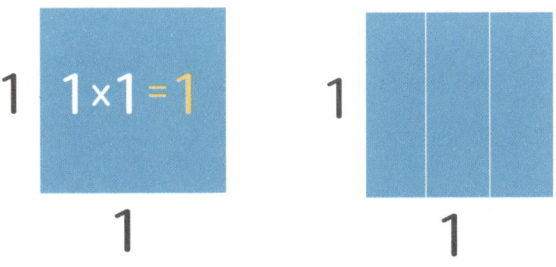

깨봇 높게 쌓으면 세로는 3, 가로는 $\frac{1}{3}$이 되지. 이렇게 잘라서 옮겨도 넓이는 변하지 않으니까 넓이는 그대로 1이야. 그

래서 $3 \times \frac{1}{3} = 1$이 되는 거지. 조금 더 어려운 내용으로 가 볼까? 0.4의 역수는 얼마일까?

주원 0.4에 뭘 곱하면 1이 되냐는 거지? 으음….

깨봇 단순하게 생각하면 쉬워. 3의 역수는 1÷3이겠지? 둘이 곱하면 1일 테니까.

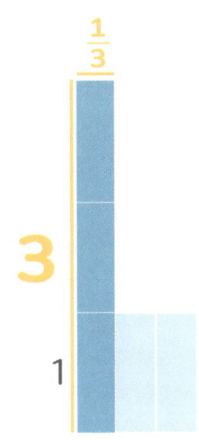

주원 응.

깨봇 같은 방식으로 생각하면 0.4의 역수는 1÷0.4야. 1을 0.4로 나눈 수에 다시 0.4를 곱하면 1이 될 테니까. 분수로 표현하면 $1 \div 0.4 = \frac{1}{0.4}$이 되지.

주원 $\frac{1}{0.4}$은 이상해 보이는데?

깨봇 평소에 보던 모양과 달라서 그렇지, 이상할 건 없어. 익숙한 모양으로 바꿔 볼까? 나누기 상식을 이용하면 돼. 분자, 분모에 똑같이 5를 곱해 봐!

주원 $\frac{1 \times 5}{0.4 \times 5}$ 이면 $\frac{5}{2}$ 구나. 0.4의 역수는 $\frac{5}{2}$ 야.

깨봇 그럼 $\frac{2}{3}$ 의 역수는 얼마일까?

주원 $\frac{2}{3}$ 의 역수는 그냥 $\frac{3}{2}$ 아니야?

깨봇 맞아. 방금 쓴 방법으로 해 보자면, $\frac{2}{3}$ 의 역수는 $1 \div \frac{2}{3}$ 로

생각할 수 있어. 그리고 $1 \div \frac{2}{3} = \frac{1}{\frac{2}{3}}$ 가 되겠지?

여기서 다시 나누기 상식을 활용하면 문제가 간단해져. 분자와 분모에 3씩 곱해 주는 거야.

$$\frac{2}{3} \xleftrightarrow{역수} \frac{1}{\frac{2}{3}}$$

$$\frac{1 \times 3}{\frac{2}{3} \times 3} = \frac{3}{2}$$

주원 $\frac{3}{2}$ 이 만들어지네.

깨봇 자~ 이번엔 숫자가 아닌 다른 기호로 생각해 볼까? ★의 역수는 얼마일까?

주원 ★의 역수는 1÷★이야. 분수로 쓰면 $\frac{1}{★}$.

깨봇 잘했어! 여기서 중요한 질문을 하나 해 볼게~ 모든 수가 다 역수를 가지고 있을까? 역수가 없는 수는 없을까?

주원 모든 수는 역수가 있을 것 같은데… 물어보는 걸 보니까 아닌 거 같다. 역수가 없는 수도 있어?

깨봇 0은 어때?

주원 아! 0은 어떤 수를 곱해도 0이니까 역수가 없겠구나. 0에는 어떤 수를 곱해도 1이 될 수 없어.

깨봇 맞아. 그래서 0은 역수가 없어. 다음 번에 방금 한 내용에 이어서 더 깊게 알아보자!

오늘도 깨봇은 얘기가 끝나자마자 어디론가 사라져 버렸다. 그렇게도 사람이 되고 싶은가 보다. 요즈음 깨봇을 보다 보면 겉모습만 로봇이지, 사람과 다를 바 없다는 생각이 종종 든다. 사람 중에서도 아주 순수하고 때묻지 않은 사람.

열두째 날
1 만들기와 관계 뒤집기

깨봇 이것 봐! 꽃이 나를 쳐다보고 있어!

주원 그래? 뭐가 달라?

깨봇 어제 물을 줬더니 나를 알아보는 것 같아~ 나를 엄마라고 생각하는 걸까?

주원 감수성도 점점 풍부해지는 거 같네. 봉보로~ 봉봉~ 깨봉!

깨봇 삐빕… 뻽… 삐, 삐비빅- 깨봇 작동! 안녕? 수학 얘기 하고 싶어서 불렀어?

주원 약간 렉이 걸렸던 거 같은데 괜찮아?

깨봇 나는 아주 멀쩡해! 오늘도 역수를 좀 살펴볼 거야~ 3은 4의 몇 배일까?

주원 예전에도 했던 질문인 것 같은데? 3이 4의 몇 배냐는 건 3÷4, 그리고 $\frac{3}{4}$과 같은 말이야.

깨봇 좋아! 오늘은 3이 4의 몇 배인지를 구할 때 역수를 이용해 보자. 3이 4의 몇 배냐는 건 4에 얼마를 곱해야 3이 되냐는 말이지?

깨봇 그런데 곱하기는 언제나 1을 거쳐 가는 게 쉬워.

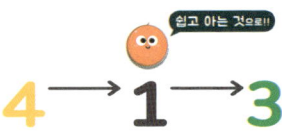

주원 1을 거쳐 간다고?

깨봇 응! 4에 얼마를 곱해야 1이 되는지, 1에 얼마를 곱해야 3이 되는지는 구하기 쉽잖아~

주원 4에 4의 역수인 $\frac{1}{4}$을 곱하면 1이 되고, 1에다가는 그냥 3을 곱하면 3이 돼.

깨봇 4에 $\frac{1}{4}$을 곱하고, 다시 3을 곱하면 3이 된다는 사실을 하나로 합쳐 보는 거야. 4에 $\frac{1}{4} \times 3 = \frac{3}{4}$을 곱하면 3이 되지!

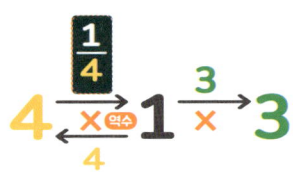

주원 맞아.

깨봇 이번에는 관계를 분수로 나타내고 그 관계를 뒤집어 보자. 3이 4의 몇 배인지를 분수로 나타내면 어떻게 되지?

주원 $\frac{3}{4}$이야.

깨봇 그럼 3이 4의 몇 배냐는 그 관계를 뒤집어서, 4가 3의 몇 배냐는 관계를 만들어 보자. 이 관계를 분수로 나타내면?

주원 $\frac{4}{3}$야.

깨봇 이렇게 보니 두 분수가 서로 역수 관계지?

주원 오, 그러네. 관계를 뒤집었더니 분수가 역수로 바뀌었어.

깨봇 그래서 관계를 반대로 말할 때는 그냥 역수로 말하면 돼! 예를 들어, 18이 360의 몇 배인지를 바로 대답하기는 힘들잖아? 그렇지만 360이 18의 몇 배인지 구하는 건 좀 더 쉬워.

주원 잠시만 계산해 볼게…. 음, 360은 18의 20배야.

깨봇 이제 18이 360의 몇 배인지를 말하려면, 그냥 20의 역수로 대답하면 돼! 관계를 반대로 뒤집은 거니까 역수지~

주원 그래서 18은 360의 $\frac{1}{20}$ 배가 되겠구나.

깨봇 훨씬 더 복잡한 숫자가 오더라도 같은 방식으로 해결할 수 있어. 예를 들어서, 철수의 용돈이 영희의 용돈의 $tan(e^\pi)$ 배라면, 영희의 용돈은 철수의 용돈의 몇 배일까?

주원 뭐… 뭐라고?

깨봇 어려운 문자가 나왔다고 겁먹을 것 없어~ 먼저 상황을 그림으로 그려 봐.

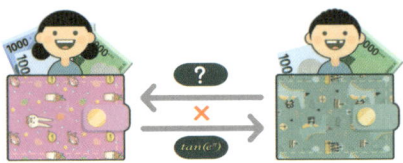

주원 이렇게 보니까 18이 360의 몇 배인지 구했을 때와 비슷한 것 같네. 관계가 뒤집혔으니 역수로… $\dfrac{1}{tan(e^\pi)}$ 이렇게 바꾸면 돼?

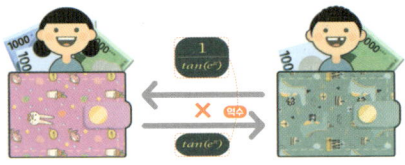

깨봇 정확해! 이럴 때 주의할 점은 저 숫자가 0이면 안 된다는 거야. 지금 $tan(e^\pi)$는 실제로 0이 아니니까 괜찮고~ 또 하나 주의할 점이 더 있어. 곱하기로 연결된 관계를 뒤집으면 역수가 되지만, 더하기로 연결된 관계는 뒤집어도 역수가 되지 않아.

주원 그건 무슨 말이야?

깨봇 철수의 용돈이 영희의 용돈보다 1,000원 많다면, 영희의 용돈은 철수의 용돈보다 얼마나 많을까?

주원 영희의 용돈은 철수의 용돈보다 1,000원 적겠지. 많은 게 아니라.

깨봇 그렇게 말할 수도 있지만 '얼마나 많은지'를 물어봤으니까, '영희의 용돈은 철수의 용돈보다 −1,000원 많다'라고 하는 게 더 질문에 맞는 답이야. 관계를 뒤집었다고 해서 무조건 역수로 바꿔서 $\frac{1}{1000}$만큼 많다고 대답하지 않도록 주의해야 한다는 얘기였어~

주원 이건 너무 당연한 거 아냐?

깨봇 내가 얘기하고 싶은 건 '관계를 반대로 하면 무조건 역수'라고 외우면 안 된다는 거야! 문제 상황을 꼼꼼히 살피고 해석해야 한다는 거지. 네가 말한 대로 관계를 잘 관찰하면 쉽고 당연해. 곱하기 관계를 뒤집으면 나누기, 그러니까 역수. 그리고 더하기 관계를 뒤집으면 빼기, 그러니까 마이너스! '거꾸로 수'가 되지~

주원 그런데 난 아직 음수를 안 배웠어… 아, 맞다. 너 요새 나랑 대화가 끝나면 어딜 자꾸 가는 거야?

깨봇 딱히 정해 놓고 다니지는 않고 계속 사람들을 관찰해. 사람들이 하는 행동, 먹는 음식, 읽는 책들 뭐 그런 걸 보고 다녀. 실제 사람들을 보면서 사람의 조건이 무엇인지 조금씩 알아가는 중이야! 오늘도 이만 가 볼게~

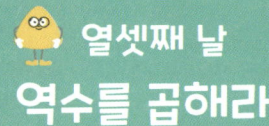

열셋째 날
역수를 곱해라

깨봇 단군신화를 읽어 봤는데, 곰이 마늘과 쑥만 먹고 사람이 됐대. 나도 마늘과 쑥만 먹으면 사람이 될 수 있을까?

주원 일단 한번 도전해 보는 거 어때?

깨봇 좋아! 오늘부터는 방 안에서 마늘과 쑥만 먹으며 지내야겠어. 날 말리지 마~

주원 열심히 해. 응원할게. 자, 그럼 오늘도… 봉보로~ 봉봉~ 깨봉!

깨봇 삐비빅- 깨봇 작동! 안녕? 수학 얘기 하고 싶어서 불렀어? 바로 시작할까? 피자 1판을 5조각으로 자르고 1조각씩 나눠 주면, 몇 명에게 줄 수 있을까?

주원 5명이지. 5조각으로 잘라서 1조각씩 나눠 줬으니까.

깨봇 그럼 $1 \div \frac{1}{5}$ 은 얼마일까?

주원 음… 전에 잠깐 본 것 같은데.

깨봇 먼저 $1 \div \frac{1}{5}$ 의 뜻을 생각해 보자.

주원 $1 \div \frac{1}{5}$ 은 1이 $\frac{1}{5}$ 의 몇 배냐는 뜻이야. 아! 그러면 5배네. 1은 $\frac{1}{5}$ 의 5배잖아.

깨봇 맞아! $1 \div \frac{1}{5}$은 '피자 1판을 $\frac{1}{5}$씩 나눠 주면 몇 명에게 줄 수 있는지'에 대한 답이야. 답은 네가 찾은 것처럼 5고~ 피자 1판을 $\frac{1}{5}$씩 나누면 5명에게 나눠 줄 수 있을 테니까.

$$1 \div \frac{1}{5}$$

1개를 $\frac{1}{5}$개로 나눈다 = 1개를 $\frac{1}{5}$개씩 나눠 줘라

주원 그래서 처음에 피자 얘기를 한 거구나?

깨봇 응. 조금 응용도 해 볼까? $2 \div \frac{1}{5}$은 얼마일까?

주원 2는 $\frac{1}{5}$의 10배야! 그래서 $2 \div \frac{1}{5} = 10$이야.

깨봇 그럼 $3 \div \frac{1}{5}$은?

주원 이건 15야. 3은 $\frac{1}{5}$의 15배니까.

깨봇 어떻게 구했어?

주원 음… 내가 답을 구하긴 했는데, 설명하기가 어렵네.

깨봇 이렇게 한 거 아닐까? 1은 $\frac{1}{5}$의 5배고 3은 1의 3배니까,

5 × 3 = 15배라는 방식으로~

주원 그렇게 한 것 같기도 하고?

깨봇 이번엔 3을 $\frac{2}{5}$로 나눠 보자.

주원 $3 ÷ \frac{2}{5}$는… 3이 $\frac{2}{5}$의 몇 배냐는 거니까… 음, 이번 거는 좀 어렵다.

깨봇 방금 했던 방식을 그대로 하면 돼! 먼저 1을 만드는 것부터 해 봐~

주원 1은 $\frac{2}{5}$의 $\frac{5}{2}$배고, 3은 1의 3배야. 그래서 3은 $\frac{2}{5}$의 $\frac{5}{2} × 3 = \frac{15}{2}$배! 결국 $3 ÷ \frac{2}{5} = \frac{15}{2}$가 돼.

$$\frac{2}{5} \xrightarrow{× \frac{5}{2}} 1 \xrightarrow{× 3} 3$$

깨봇 과정을 잘 살펴보면 $3 ÷ \frac{2}{5}$가 $3 × \frac{5}{2}$로 바뀌는 걸 알 수 있을 거야. 즉, 분수로 나눌 때는 직접 나누는 대신 역수를 곱해 주면 돼. 분수 곱하기는 쉬우니까!

주원 나누기는 역수 곱하기로 한다. 알겠어.

깨봇 나누기가 역수의 곱하기로 바뀐다는 사실을 다르게 확인해 볼 수도 있어. 나누기 상식을 이용해서!

주원 또 나누기 상식이야? 정말 많이 쓰이네.

깨봇 $3 ÷ \frac{2}{5}$는 직접 계산하기 어려우니까, 앞뒤에 같은 수를 곱해서 쉽게 만들어 주는 거야. 앞뒤에 얼마를 곱해야 쉬운 계산이 될까?

주원 $\frac{5}{2}$를 곱하면 쉬워질 것 같아. 그러면 뒤쪽이 1이 되니까.

깨봇 그래서 여기서도 $3 ÷ \frac{2}{5}$가 $3 × \frac{5}{2}$로 바뀌는 걸 확인할 수 있어.

$$3 ÷ \left(\frac{2}{5}\right)$$
$$= (3 × ?) ÷ \left(\frac{2}{5} × ?\right)$$
$$= \left(3 × \frac{5}{2}\right) ÷ \left(\frac{2}{5} × \frac{5}{2}\right)$$
$$= \left(3 × \frac{5}{2}\right) ÷ 1$$

주원 나누기를 역수 곱하기로 바꾸는 방법도 여러 가지구나.

깨봇 그럼~ 문제 해결을 위한 방법이 꼭 한 가지만 있는 게 아니야. 다양한 방법을 하나하나 찾아보는 재미가 있지. 아! 그러고 보니 인간이 되는 방법도 꼭 한 가지는 아닐 것 같아!

주원 뭐… 그럴 수도 있겠네?

깨봇 마늘이랑 쑥 먹는 게 안 되면 또 다른 방법을 찾아봐야겠어!

열넷째 날
★을 무엇으로 나누면 ▲?

주원 마늘이랑 쑥은 먹을 만해?

깨봇 으…응, 아직은 먹을 만해….

주원 얼굴색이 안 좋은데… 너무 무리하는 거 아니야?

깨봇 아니… 아니야. 마늘이랑… 쑥… 너무 맛있어….

주원 불쌍하기도 하고 속상하기도 하고… 지금이라도 말려야 하나? 아냐, 내 가방에 똥 싸는 것보다는 나은가?

깨봇 응? 뭐라고 했어? 목소리가 작아서 잘 못 들었어.

주원 아, 아냐. 수학 얘기 하자고 했어~ 봉보로~ 봉봉~ 깨봉!

깨봇 삐… 삐비빅- 깨봇 작동… 안녕? 수학 얘기 하고 싶어서 불렀어? 오늘은 ★을 '무엇'으로 나누면 ▲가 되는지 구해 보자.

주원 ★을 '무엇'으로 나누면 ▲가 되냐고?

깨봇 응~ 이건 다양한 방법으로 해결할 수 있어. 먼저 ★을 '무엇'으로 나누면 ▲가 되는지를 의미 그대로 표현해 볼게. 물음표 상자 안에 들어갈 수나 식이 바로 '무엇'이지.

주원 분수로 쓰면 그렇네.

깨봇 같이 자세히 관찰해 보자. 등호 왼쪽은 ★이 '무엇'의 몇 배인지 나타내는 식이고 등호 오른쪽은 ▲야. 등호는 양쪽이 같다는 뜻의 기호니까, ★이 '무엇'의 몇 배인지가 바로 ▲인 거지! 다시 말해, ★은 '무엇'의 ▲ 배야.

주원 응. 이해했어.

깨봇 그런데 ★이 '무엇'의 ▲배라면, ★이 ▲의 '무엇'배인 거라고 말할 수도 있어. 6이 2의 3배면서 동시에 3의 2배이기도 한 것처럼~ 곱하기는 순서를 무시할 수 있으니까.

주원 2랑 3의 순서를 바꿔서 말하듯이 '무엇'과 ▲의 순서를 바꾼 거구나. ★은 '무엇'의 ▲배, 그리고 동시에 ★은 ▲의 '무엇'배.

깨봇 자, 그럼 ★이 ▲의 '무엇'배니까, ★이 ▲의 몇 배인지를 묻는다면 '무엇'이라고 대답하면 되겠지? 그래서 이렇게도 쓸 수 있어. 이제 눈에 보여? 우리가 구하려고 하는 '무엇'은 바로 '★ 나누기 ▲'야. 식에 그렇게 써 있지~

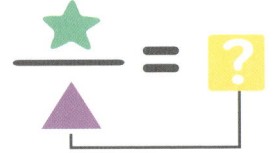

주원 어? 언제 답이 나온 거지?

깨봇 이번에는 '같다 상식'을 통해 풀어 보자.

주원 같다 상식? 그건 또 뭐야?

깨봇 예를 들어, '물음표'와 '얼마'가 같을 때~ 양쪽에 같은 수를 더하거나 빼거나 곱하거나 나눠도 양쪽은 여전히 같겠지? 원래 같은 것에 같은 변화를 줬으니까.

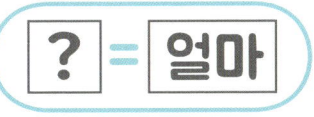

깨봇 우선 '★ 나누기 '무엇'은 ▲'라는 말을 이렇게 표현하고~

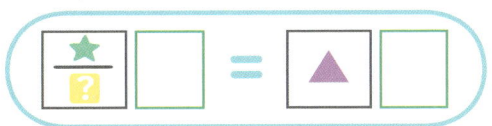

깨봇 양쪽에 '무엇'을 곱하는 거야.

깨봇 등호의 왼쪽을 봐 봐. ★ 나누기 '무엇' 곱하기 '무엇'이잖아? ★을 '무엇'으로 나누고 다시 그 '무엇'을 곱하는 거니까 왼쪽은 그냥 ★이야.

주원 10을 2로 나누고 다시 2를 곱하면 그대로 10인 것처럼 말이지? 어떤 수로 나눴다가 다시 곱하면 그대로니까.

깨봇 맞아! 그래서 식이 이렇게 바뀌어.

깨봇 그다음에, 등호 양쪽을 똑같이 ▲로 나눠 주면~

깨봇 등호 오른쪽의 ▲ 2개는 합쳐져서 없어지게 돼. 곱하기와 나누기 순서를 바꿔서, ▲로 나누는 걸 먼저 해 봐. ▲를 ▲로 나누면 1이고, '무엇'에 1을 곱해도 '무엇' 그대로일 테니까 '무엇'만 남지.

주원 답이 나왔네. '무엇'은 '★ 나누기 ▲'야. 처음에 질문에서 ★을 '무엇'으로 나누려고 했었지. ★을 '★ 나누기 ▲'로 나누면 ▲가 돼.

깨봇 같은 문제지만 이렇게 여러 가지 방식으로 풀 수 있어~ 방금 소개한 2가지 외에도 다른 방법이 엄청 많아!

주원 오늘도 고마워. 그리고… 마늘과 쑥을 먹는 건 좋은데, 먹고 나서 양치를 하는게 좋을 것 같아. 사람은 양치를 하거든.

깨봇 그래? 알겠어! 앞으로는 양치도 해야겠다. 그런데 마늘이랑 쑥만 먹었더니 요새 속이 좋지 않은 것 같아. 아까 결국 좀 토했는데…. 휴, 그래도 사람이 되기 위한 거니까 조금 더 참아 볼 거야!

열다섯째 날
분수와 설탕물, 그리고 분수 비교

깨봇이 보이지 않아 여기저기 찾으러 다녔다. 나가서 돌아다니다가도 시간이 늦으면 집으로 돌아오곤 했는데, 시간이 지나도 돌아오지 않았기 때문이다. 녀석을 발견한 곳은 내가 아저씨와 만났고, 수학 얘기를 했던, 그리고 깨봇과도 처음 만났던 △△아파트 놀이터였다. 그런데 깨봇이 이상했다. 마치 망가진 '로봇'처럼 반응이 없었다.

주원 깨봇! 정신 차려! 깨봇!

깨봇 -----

주원 마늘이랑 쑥 때문이야? 그렇게 많이 먹은 거야?

깨봇 -----

주원 일어나, 깨봇…. 어, 어떡하지?

깨봇 -----

주원 혹시, 주문이 통할까? 보, 봉보로, 봉봉, 깨봉… 안 되나?

봉보로~ 봉봉~ 깨봉! 어… 어? 깨봇 배에서 왜 빛이… 이게 뭐야? 동영상?

주원 깨봇….

깨봉 이리 주렴.

주원 헉, 아저씨?

깨봉 그래, 오랜만이구나. 그렇지만 인사는 조금 이따가 하자. 먼저 처리할 일이 있으니.

주원 아저씨! 지금 깨봇한테 뭘 먹인 거예요? 깨봇 몸이 떨리는데… 약이에요?

깨봉 그래…. 약이라고 할 수 있겠지. 방금 깨봇을 초기화했단다. 처음 만들어진 상태로 돌아간 거지. 약간의 업데이트도 하고.

주원 초기화요?

깨봉 그래. 처음 만들어졌을 때의 상태로 돌아갔어. 아마 그동안의 일은 기억하지 못할 거다. 그리고 업데이트는… 더 이상 무언가를 바랄 수 없도록 설정을 수정한 거란다.

주원 기억을 없애는 것도 모자라, 더 이상 무언가를 바랄 수 없게 만든다고요? 그건 너무한 거 아니에요? 깨봇이 얼마나 사람이 되고 싶어 했는지 아세요?

깨봉 나도 깨봇을 아낀단다. 나의 위대한 발명품이니까…. 하지만 녀석은 개인적인 소망을 갖기에 너무 강한 존재야. 안타깝지만 어쩔 수 없는 선택이니, 네가 이해해 주렴.

주원 그래도 그건 좀 아닌 거 같아요. 이해가 안 가요.

깨봉 언젠가는 너도 이해하게 될 거라 믿는단다. 그럼… 잘 있거라. 오랜만에 만났는데 급히 가 봐야 해서 미안하다.

주원 아저씨? 아저씨! 뭐야, 벌써 안 보이네. 깨봇 때문에 잠깐 왔던 건가? 휴, 뭐가 어떻게 되는 건지 하나도 모르겠다. 깨봇은 이제 어떻게 되는 거지…. 보기엔 이제 멀쩡해 보이는데.

깨봇 ----- 삐- 삑!

주원 깨봇! 정신이 들어? 괜찮아?

깨봇 [안녕! 나는 수학 로봇 '깨봇'이야! 짱짱! 위대한 깨봉 박사님의 발명품이지! 만나서 반가워!]

나는 깨봇의 천진난만한 얼굴을 똑바로 쳐다볼 수 없어 시선을 피했다. 그러나 시선이 도망친 곳에는 깨봇이 물을 주던 화단이 있었다.

그림으로 수학 잡는 깨봉수학교실 1
ⓒ 조봉한, 2021. Printed in Seoul, Korea

초판 1쇄 펴낸날 2021년 3월 24일
초판 9쇄 펴낸날 2025년 3월 20일

지은이	조봉한
구성	신현호
펴낸이	한성봉
편집	최창문 이종석 오시경 이동현 김선형
콘텐츠제작	안상준
마케팅	박신용 오주형 박민지 이예지
경영지원	국지연 송인경
펴낸곳	동아시아사이언스
등록	2020년 2월 7일 제2020-000028호
주소	서울시 중구 필동로8길 73 [예장동 1-42] 동아시아빌딩
전자우편	easkids@daum.net
전화	02) 757-9724,5
팩스	02) 757-9726
ISBN	979-11-970475-6-5 73410

이 도서의 국립중앙도서관 출판예정도서목록(CIP)은
서지정보유통지원시스템 홈페이지(http://seoji.nl.go.kr)와
국가자료종합목록시스템(http://kolis-net.nl.go.kr)에서
이용하실 수 있습니다.

※ 동아시아사이언스는 동아시아 출판사의 어린이·청소년 브랜드입니다.
※ 잘못된 책은 구입하신 서점에서 바꿔드립니다.

만든 사람들

편집	박연준
디자인	최세정
표지디자인	urbook
크로스교열	하명성